Internet

Internet

Markt+Technik

Bibliografische Information der Deutschen Bibliothek
Die Deutsche Bibliothek verzeichnet diese Publikation in der
Deutschen Nationalbibliografie; detaillierte bibliografische Daten
sind im Internet über http://dnb.ddb.de abrufbar.

Umwelthinweis:
Dieses Buch wurde auf chlorfrei gebleichtem Papier gedruckt.

10   9   8   7   6   5   4   3   2   1

08   07   06

ISBN 3-8272-4055-7

© 2006 by Markt+Technik Verlag,
ein Imprint der Pearson Education Deutschland GmbH,
Martin-Kollar-Straße 10–12, D-81829 München/Germany
Alle Rechte vorbehalten
Umschlaggestaltung: Marco Lindenbeck, webwo GmbH, mlindenbeck@webwo.de
Lektorat: Birgit Ellissen, bellissen@pearson.de
Herstellung: Claudia Bäurle, cbaeurle@pearson.de
Satz: someTimes GmbH, München
Druck und Verarbeitung: MediaPrint, Paderborn
Printed in Germany

Liebe Leserin, lieber Leser,

mit diesem Buch sind Sie Null-Komma-Nix online. **Bild für Bild** zeige ich Ihnen, wie Sie sich einen Internetzugang mit Windows XP einrichten. Auf einen Blick sehen Sie dann, welche wunderbaren Möglichkeiten Ihnen das Internet bietet und wie Sie die besten Seiten finden. Schutz und Sicherheit werden groß geschrieben, hier finden Sie die besten Tipps für sicheres Surfvergnügen.

Ich freue mich, wenn Ihnen dieses besondere Buch hilft, spielend leicht ins Internet zu starten.

Viel Spaß!

Ihr Autor
Ignatz Schels

Inhaltsverzeichnis

Inhaltsverzeichnis

8 Suchen mit Google & Co.

9 eBay – Bieten, Kaufen, Verkaufen

10 Geschäfte im Internet

11 E-Mail – die elektronische Post

Inhaltsverzeichnis

Inhaltsverzeichnis

Einführung

Start

1957

1 ARPA

1969

2

ARPANET

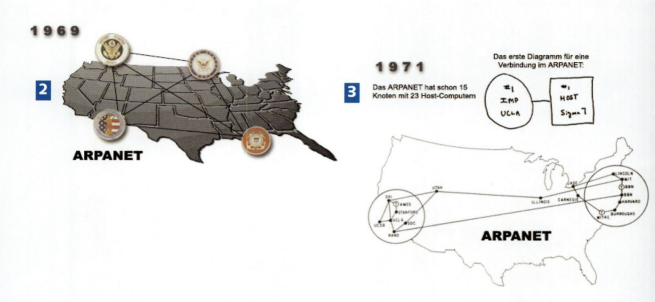

1971

3 Das ARPANET hat schon 15 Knoten mit 23 Host-Computern

Das erste Diagramm für eine Verbindung im ARPANET:

ARPANET

1 Das US-Verteidigungsministerium gründet mitten im Kalten Krieg die ARPA (Advanced Research Projects Agency).

2 Mit dem ARPANET soll die Kommunikation zwischen Militärs und Behörden gesichert werden. Es ist der erste Schritt zum Internet.

3 Universitäten, Forschungseinrichtungen und US-Firmen entwickelten das Militärnetz weiter.

ARPA wurde gegründet, um die westlichen Militärbasen zum Schutz gegen die Sowjetunion zu vernetzen und deren Kommunikation zu sichern. Das Jahr 1969, in dem das ARPANET gestartet wurde, gilt als das Geburtsjahr des Internets. Am 27. Oktober 1980 wird das gesamte ARPANET von einem ersten Virus lahmgelegt.

WISSEN

1972

4

1973

5

1974

6

Robert Kahn

Vint Cerf

4 Ray Tomlinson erfindet die E-MAIL und benutzt zum ersten Mal das Zeichen, das zum Symbol für die elektronische Post wird.

5 Die ersten internationalen Anschlüsse gehen nach London und Norwegen.

6 Vint Cerf und Robert Kahn erfinden das Transmission Control Protocol (TCP); aus dem Militärnetz wird das weltweite Internet.

1973 gab es 35 „Knoten" im ARPANET. 1984 waren 1.000 Hosts im Netz, 1989 schon 100.000. Das ARPANET wurde 1989 aufgelöst.
Paul Baran (RAND Corporation) erfand die Theorie der paket-vermittelten Netze, ein Grundprinzip des Internets.

Protokolle sind Vereinbarungen, die die Datenübertragung zwischen unterschiedlichen Computersystemen ermöglichen.

WISSEN

FACHWORT

1 9 7 9

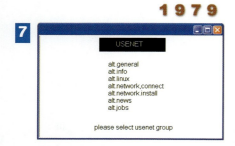

1 9 8 4

Fido

1 9 8 3

Anzahl Knoten: 113
Anzahl Computer: 1.000

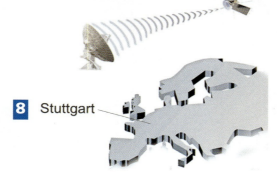

8 Stuttgart

7 Das USENET, erfunden von Jim Ellis und Tom Truscott, ermöglichte erstmals Diskussionen in Newsgroups.

8 Das Internet wächst durch Kabel- und Satellitenverbindungen immer schneller. Deutschland kommt mit einem ersten Knoten ins Netz.

9 Personal Computer können über FidoNET mit dem Internet kommunizieren. Fido heißt der Hund des Erfinders Tom Jennings.

Vor dem Internet gab es mehrere kleine Netze wie TELENET (erstes öffentliches Netz), BITNET, CSNET (Universitätsnetze), EUNet und EARN (Europa), JUNET (Japan), UUNET (**1987**). Mit HTML hat das World Wide Web eine einheitliche Sprache. Ab **1985** gibt es auch Länderdomänen (.us, .uk, .de …). Am 2. November **1988** infiziert der erste Internet-Wurm 6.000 von

WISSEN

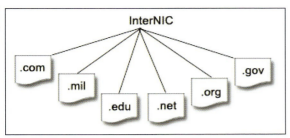

1 9 9 1

Tim Berners-Lee
(CERN Photo)

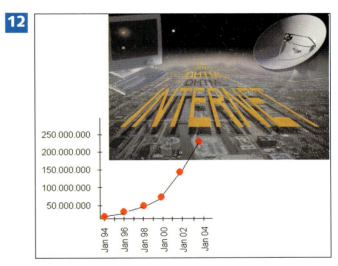

10 Das Domain Name System (DNS) sorgt für Ordnung bei der Namensvergabe an Host-Computer.

11 Tim Berners-Lee erfindet im CERN in Genf das World Wide Web. HTML, Browser und Multimedia bestimmen jetzt das Internet.

12 Heute sind ca. 250 Mio. Computer am Netz, über 400 Mio. Menschen nutzen das Netz der Netze.

60.000 Computern im Netz. **1989** sind 100.000 Computer am und im Netz, das erste Internet-Radio startet **1993**. Mit dem WWW wächst das Internet in diesem Jahr um das Dreifache. **1996** tauchen die ersten Suchmaschinen auf, und Sun bringt die die Programmiersprache Java heraus. Microsoft steigt erst **1996** in das Internet ein, ein Jahr nachdem Bill Gates öffentlich erklärt hatte, eine Firma würde sich niemals am Internet beteiligen.

Start

1
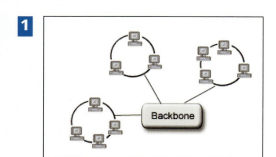

3
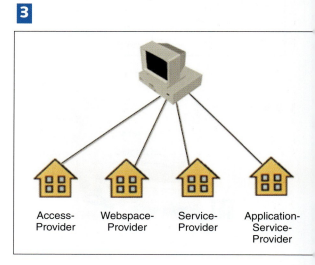

Access-
Provider   Webspace-
Provider   Service-
Provider   Application-
Service-
Provider

2
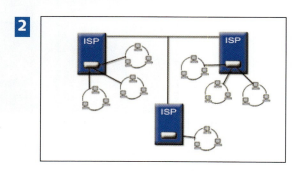

1 Das Internet war ursrpünglich als hierarchisches Netz konzipiert, in dem sich Kleinnetze um ein Rückgrat (Backbone) gruppieren.

2 Heute verteilen viele Internet Service Provider (ISP) die Daten, die miteinander vernetzt sind und so ein weltweites Netz bilden.

3 Welcher Provider für einen Internetzugang in Frage kommt, hängt von der Nutzungs- häufigkeit und dem Datenvolumen ab.

Das Internet besteht aus vielen tausend kleinen Netzen, die bei den Providern zusammenlaufen. Die Daten werden über alle bekannten Kommunikationswege – vom Telefon über Glasfaserkabel bis zu Funk und Satelliten – übertragen. In loka- len Netzen kommt die Ethernet-Technik zum Einsatz, kabellose Funknetze (Wireless LAN) setzen sich immer mehr durch.

WISSEN

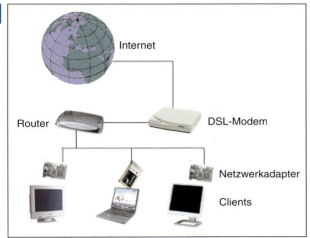

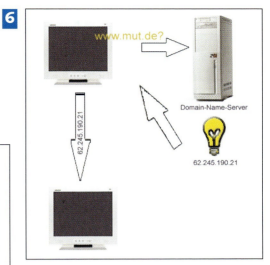

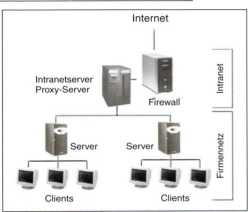

4 Mit Routern werden lokale Netzwerke an das Internet angeschlossen.

5 Das Intranet ist ein internes Informations- und Kommunikationsnetz in einer Firma, das Internet-Technik und -Protokolle verwendet.

6 DNS-Server haben die Aufgabe, für die vielen Computer im Internet Namen herauszufinden.

Firmen-Intranets enthalten meist auch einen Zugang zum Internet. Sog. Proxy-Server regeln die Ein- und Ausgänge und verwalten die Zugriffsrechte.

Router: Rechner für den Aufbau der Internetverbindung.
Backbone: Zentraler Teil eines leistungsfähigen Netzwerks.

Provider: Regeln den Verkehr im Internet, bieten Kunden den Zugang zum Internet an, weisen IP-Adressen zu, unterhalten Verteiler (Backbones) und stellen Platz für Homepages zur Verfügung.

WISSEN **FACHWORT** **FACHWORT**

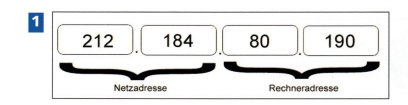

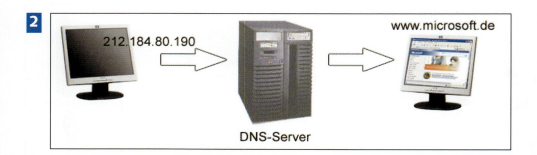

1 Jeder Computer im Internet ist durch eine eindeutige Adresse aus 4 Blöcken (Werte je 0-255) identifizierbar, die sog. IP-Adresse.

2 Da sich niemand diese Adressen merken kann, wurde das Domain Name System (DNS) eingeführt. Jeder IP ist ein Name zugeordnet.

3 Die Adressen beginnen in der Regel mit WWW (World Wide Web). Firmen sind in der Regel unter ihrem Firmennamen zu finden.

Die IP-Adresse ist das Identifikationsmerkmal für Computer im Internet. Obwohl sie ständig benutzt wird, muss sich kein Mensch diese Adressen merken, denn sie sind mit „richtigen" Namen (Domänen) gekoppelt.

Eine Übersicht üb alle Länderdomä finden Sie hier:
http://www.csoft
/internet/domain
html

WISSEN

TIPP

4

- .de Deutschland
- .fr Frankreich
- .it Italien
- .se Schweden
- .uk United Kingdom

6

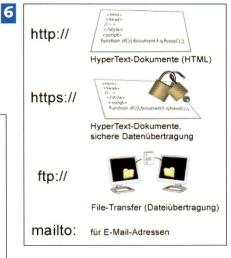

http:// HyperText-Dokumente (HTML)

https:// HyperText-Dokumente, sichere Datenübertragung

ftp:// File-Transfer (Dateiübertragung)

mailto: für E-Mail-Adressen

5

.com (commercial)	Firmen international
.org (organisation)	Organisationen, Vereine
.net (network)	Netzwerke
.gov (government)	Regierungen
.mil (military)	Militär
.edu (educational)	Bildungseinrichtungen

4 An der Endung erkennt man, wo die Firma oder Organisation zu Hause ist. Jedes Land hat seine eigene Länderdomäne.

5 Die Adresskennung kann aber auch einen speziellen Bereich bezeichnen, dafür wurden diese Domänen eingerichtet.

6 Vor der Adresse wird noch das Protokoll angegeben, damit der Computer weiß, in welcher Form die Daten zu übertragen sind.

Protokoll: Regeln, an die sich die beteiligten Computer bei der Datenübertragung halten.

IP-Adressen sind nur bei größeren Computern statisch (fest zugewiesen). Die meisten Computer erhalten dynamische IP-Adressen, die nur für die Dauer der Internetverbindung gültig sind. Wenn kein Protokoll eingegeben wird, gilt das Standard-Protokoll http://.

Im World Wide Web sind die meisten Adressen angesiedelt, es gibt aber auch andere (www1, www2 oder gar keine Angabe).

FACHWORT   HINWEIS   TIPP

www.icann.org

ICANN

Registrierungsstelle für die
Top-Level-Domain .de
(www.denic.de)

1 Grundsätzlich gibt es keine Kontrolle, keine Regeln und keine Vorschriften, wer was mit welchem Inhalt ins Internet stellt.

2 Die ICANN (Internet Corporation For Assigned Names and Numbers) stellt die Zuteilungsregeln für Domänen und IP-Adressen auf.

3 Für die regionalen Zuteilungen sind die NICs (network information center) zuständig. Bei DENIC werden .de-Adressen beantragt.

Das Internet wird von keiner Firma oder Behörde reglementiert oder kontrolliert. Das macht es so flexibel und dynamisch, führt aber auch zu starker Überlastung und hohen Sicherheitsrisiken.

WISSEN

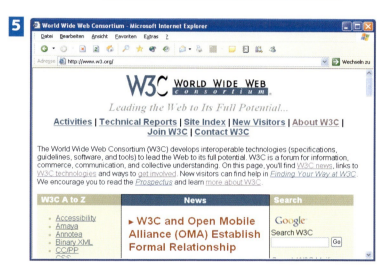

4 In der WHOIS-Datenbank von DENIC können alle registrierten Domänen mit Adressen der Inhaber eingesehen werden.

5 Die Standards für das World Wide Web werden von W3C (World Wide Web Consortium) entwickelt und definiert.

6 Das W3C legt u. a. die Spezifikationen für HTML fest, die Sprache, in der Internetseiten programmiert werden.

DENIC ist ein Verein, in dem alle deutschen Provider zusammengeschlossen sind.
Das W3C regelt auch den Einsatz von Skriptsprachen wie Java in HTML.

Hier finden Sie eine alphabetische Providerliste:
www.denic.de/de/denic/mitgliedschaft/mitgliederliste/index.jsp

HINWEIS

TIPP

Der richtige Anschluss

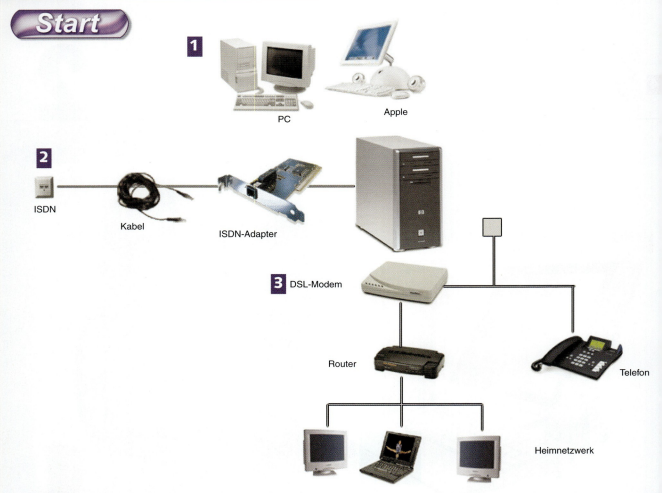

Start

1

PC   Apple

2

ISDN

Kabel

ISDN-Adapter

3 DSL-Modem

Router

Telefon

Heimnetzwerk

1 Für den Zugang zum Internet brauchen Sie natürlich zunächst einen Computer mit Tastatur und Maus.

2 Die Verbindung zum Internet können Sie über ein Modem oder einen ISDN-Adapter herstellen.

3 Die beste Verbindung mit wesentlich höherer Geschwindigkeit bietet DSL bzw. ADSL.

Sie wollen Mitglied werden in der großen Gemeinde der Internet-Surfer. Dazu brauchen Sie einen Zugang, und der besteht aus Hardware (Computer) und Software (Programme).

WISSEN

SAT-Kabel

4 SAT-Schüssel

TV-SAT-Karte oder
USB-Gerät

6 OPERA software

mozilla

Firefox
the browser, reloaded

5 Microsoft Windows xp

SuSE LINUX 7.7

4 Internet via Satellit ist auch schon möglich, benötigt werden ein TV-SAT-Adapter und ein Digitalreceiver mit SAT-Schüssel.

5 Als PC-Betriebssystem empfiehlt sich Windows XP.

6 Im Lieferumfang von Windows ist der Browser Internet Explorer enthalten, das Internet bietet aber auch alternative Browser.

Ende

Auf der Service-Seite von T-Online www2.service t-online.de können Sie prüfen, ob DSL in Ihrer Region verfügbar ist.

Für Notebooks gibt es Ethernet-Karten (PCMCIA) oder Wireless LAN. Achten Sie auf die Kosten!

Unter LINUX gibt es keinen Internet Explorer, hier werden die Browser Netscape, Opera, Mozilla oder Konqueror www.konqueror.org verwendet.

TIPP   TIPP   HINWEIS

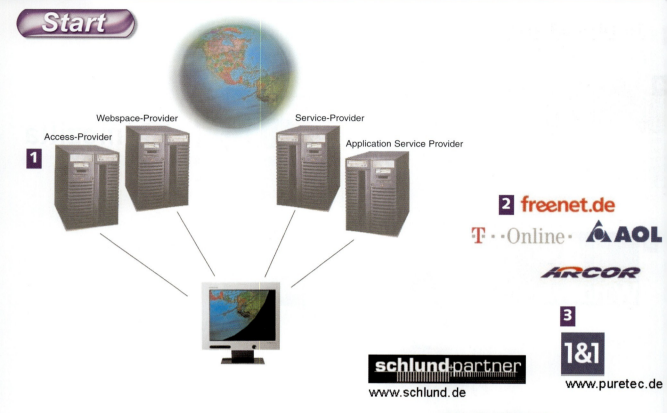

Start

Webspace-Provider

Access-Provider

Service-Provider

Application Service Provider

1

2 freenet.de

T··Online· AOL

ARCOR

3

1&1

www.puretec.de

schlund+partner

www.schlund.de

STRATO AG

www.strato.de

1 Entscheiden Sie sich zunächst für den Provider-Typ, der zu Ihnen passt.

2 Online-Dienste oder Internet-by-Call bieten günstige Tarife für Privatpersonen und genügend Speicherplatz für private Webseiten.

3 Wer einen professionellen Auftritt im Internet plant, sollte die Angebote von Webspace-Providern vergleichen.

Wer ins Internet will, braucht einen Provider. Das ist eine Firma, die gegen Bezahlung den Zugang zum Internet freischaltet, Serverkapazitäten zur Verfügung stellt und IP-Adressen zuweist.

Flatrate: Pauschaltarif, kostet nur Grundgebühr, kein zeitabhängiges Verbindungsentgelt.
Server: Der Zentralrechner des Providers.

WISSEN

FACHWORT

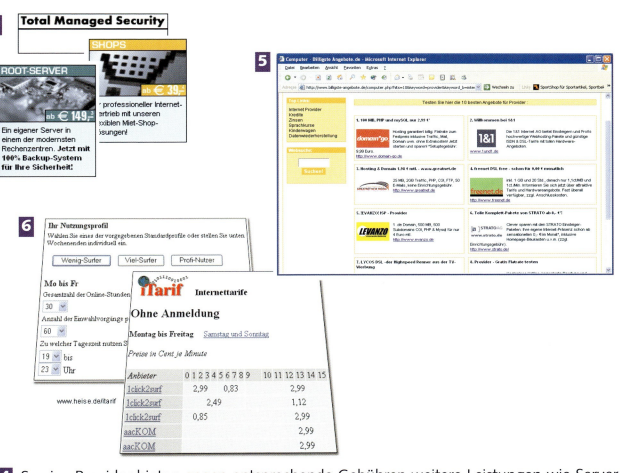

www.heise.de/itarif

4 Service-Provider bieten gegen entsprechende Gebühren weitere Leistungen wie Server-Hosting und Web-Shops an.

5 Vergleiche zahlen sich aus, die Tarife der Provider unterscheiden sich oft erheblich.

6 Mit einem persönlichen Nutzungsprofil finden Sie schnell den richtigen Dienstanbieter und den besten Tarif.

Für den Privatgebrauch reicht meist ein Online-Dienst (Access- oder Service-Provider). Wenn Sie viel Speicherplatz brauchen, muss es ein Webspace-Provider sein.

Vorsicht vor Billig-Angeboten! Ein Providerwechsel kann teurer kommen als das zuvor Gesparte.

Wenn Sie Online-Banking machen wollen, fragen Sie vor der Provider-Wahl Ihre Bank.

TIPP   **TIPP**   **HINWEIS**

Setup von SpeedTouch USB

Setup abgeschlossen

Die Installation der SpeedTouch USB-Software auf Ihrem Computer ist abgeschlossen.

speedtouch   < Zurück   Fertigstellen   Abbrechen

1 Wenn Sie ein USB-Modem verwenden, stecken Sie dieses einfach an einem USB-Anschluss am PC ein.

2 Falls Sie eine CD mit Installationssoftware zum Modem erhalten haben, legen Sie diese ein, sonst verwendet Windows eigene Treiber.

3 Ist die automatische Installation der Software abgeschlossen, erhalten Sie eine Meldung.

Ein Modem brauchen Sie, um den Computer zur Datenübertragung an das Telefonnetz anzuschließen. Windows XP hat die gängigsten Geräte in seiner Datenbank, die Installation sollte kein Problem sein.

WISSEN

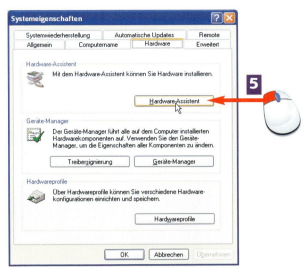

4 Wird das Modem nicht automatisch installiert, aktivieren Sie den Hardware-Assistenten in den *Eigenschaften* des Arbeitsplatzes.

5 Starten Sie den Hardware-Assistenten von der *Registerkarte Hardware*.

6 Wenn das Modem nicht in der Liste der installierten Geräte zu finden ist, klicken Sie auf *Neue Hardware hinzufügen*.

Achten Sie auf die Übertragungs-rate: Analoge Modems oder ältere Geräte mit 28.000 Baud schaffen die enormen Datenmengen aus dem Internet nicht mehr in akzep-tabler Geschwindigkeit.

Modem: Modulator/Demo-dulator. Wandelt analoge Daten in digitale um und umgekehrt.

TIPP

FACHWORT

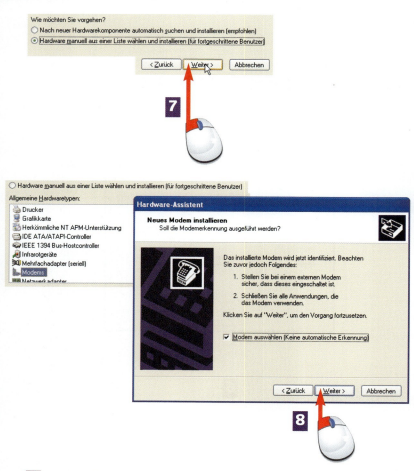

7 Versuchen Sie die automatische Erkennung der Hardware oder installieren Sie das Modem manuell.

8 Schalten Sie das Modem ein und starten Sie mit Klick auf *Weiter* die Hardware-erkennung.

9 Sie können Ihre Modeminstallation auch über die *Systemsteuerung* überprüfen oder vornehmen.

Bei der Modeminstallation versucht Windows, das angeschlossene Modem zu erkennen und holt dann die passende Software (Treiber) aus der Datenbank.

WISSEN

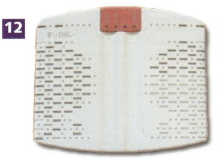

10 Unter der Option Telefon- und Modemoptionen finden Sie alle Modemeinstellungen.

11 Ältere ISDN-Adapter ohne USB werden nach dem Einbau in den PC wie Modems installiert und konfiguriert.

12 Für DSL oder ADSL benötigen Sie ein Modem, einen Splitter (Trenner) und die passende Telefoninstallation.

Stellen Sie sicher, dass das DSL-Modem mit einem Splitter geliefert wird. Den brauchen Sie, um die Frequenzen zu trennen.

Hier finden Sie viele Fragen und Antworten zum Thema DSL:
http://service.schlund.de/service/dsl/allgemein.php3

Für DSL-Modems müssen Sie evtl. die Telefonanlage umrüsten lassen, alte ISDN-Kabel sind nicht immer kompatibel.

TIPP   **TIPP**   **HINWEIS**

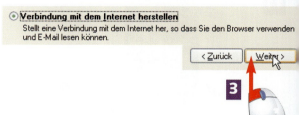

1 Öffnen Sie den Assistenten für eine neue Verbindung unter *Start>Alle Programme> Zubehör>Kommunikation*.

2 Bestätigen Sie die erste Meldung. Die erste Option ist bereits markiert, klicken Sie au Weiter.

3 Stellen Sie mit der ersten Option die Verbindung zum Internet her.

Wenn die Hardware installiert ist, müssen Sie Ihrem Betriebssystem Windows mitteilen, dass Sie beabsichtigen, ins Internet zu gehen. Dazu richten Sie mit Hilfe eines Assistenten eine Verbindung ein.

WISSEN

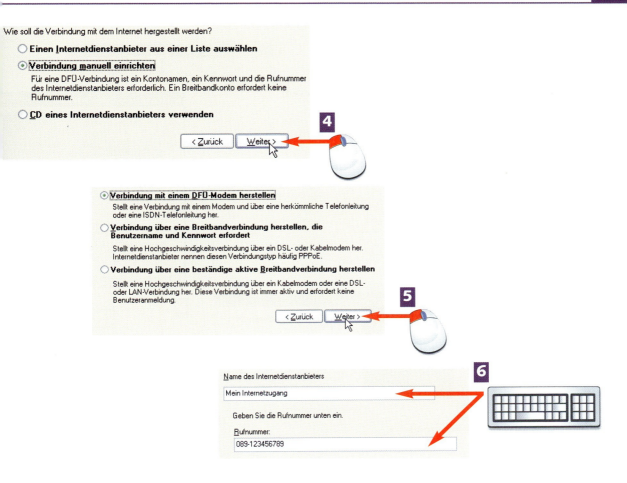

4 Mit der ersten Option könnten Sie einen Dienstanbieter wählen. Markieren Sie *Verbindung manuell einrichten*, …

5 … und wählen Sie *die Verbindung mit einem DFÜ-Modem herstellen*, wenn Sie ein Modem oder einen ISDN-Adapter einsetzen.

6 Anschließend werden Sie aufgefordert, den Namen und die Telefonnummer Ihres Providers einzugeben.

Wenn Sie noch keinen Zugang über AOL, T-Online etc. haben, können Sie auch bei Einrichtung der Verbindung einen Internetdienstanbieter wählen.

Telefonnummern der Online-Provider:
T-Online: 0191011
AOL: 019101914
Freenet: 019231760
Arcor: 0192077

DFÜ: Datenfernübertragung
DSL: Digital Subscriber Line (Breitbandverbindung)
PPPoE: Point to Point over Ethernet

TIPP   **TIPP**   **FACHWORT**

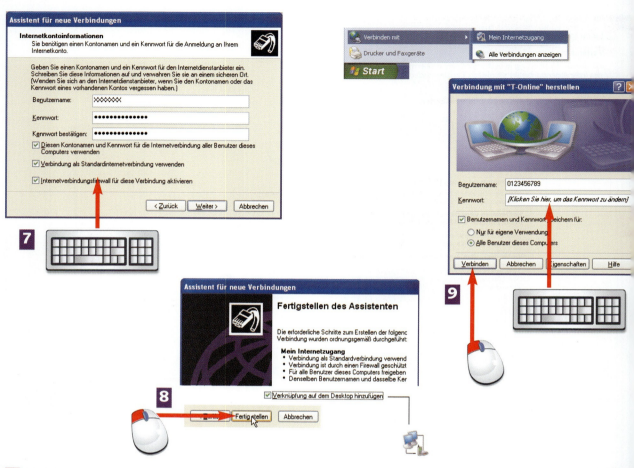

7 Geben Sie den Benutzername und das Kennwort ein. Diese Informationen erhalten Sie vom Provider.

8 Noch eine letzte Bestätigung, und der Internetzugang ist fertig eingerichtet. Fügen Sie ein Symbol auf dem Desktop ein.

9 Mit dem Desktop-Symbol oder unter *Start>Verbinden* geht´s los. Geben Sie Ihre Benutzerdaten ein, und klicken Sie auf *Verbinden*.

Wenn Sie mehrere Computer im Haus oder in der Firma haben, können Sie diese an einen Router anschließen und damit über DSL ins Internet gehen.

WISSEN

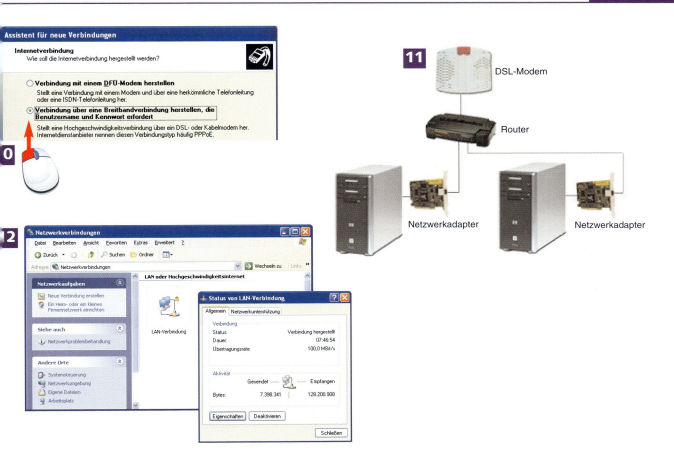

DSL-Modem

Router

Netzwerkadapter   Netzwerkadapter

10 Für DSL oder T-DSL können Sie eine DFÜ-Verbindung verwenden oder mit der zweiten Option eine Breitbandverbindung einrichten.

11 Wenn Sie mit mehreren Computern im Internet surfen wollen, verbinden Sie diese mit einem Router, der mit einem Internet-Zugang versehen wird.

12 Richten Sie für jeden einzelnen Computer eine Netzwerkverbindung ein und geben Sie den Router als lokales Gateway an.

Mehrere Computer können über einen Hub oder Switch zusammengeschaltet werden.

Router: Gerät, das mehrere Computer über DSL mit dem Internet verbindet.

Haben Sie ein lokales Netzwerk, richten Sie dieses mit Internet-Verbindungfreigabe unter Windows ein (*Start>Systemsteuerung> Netzwerk- und Internetverbindungen*).

HINWEIS   FACHWORT   TIPP

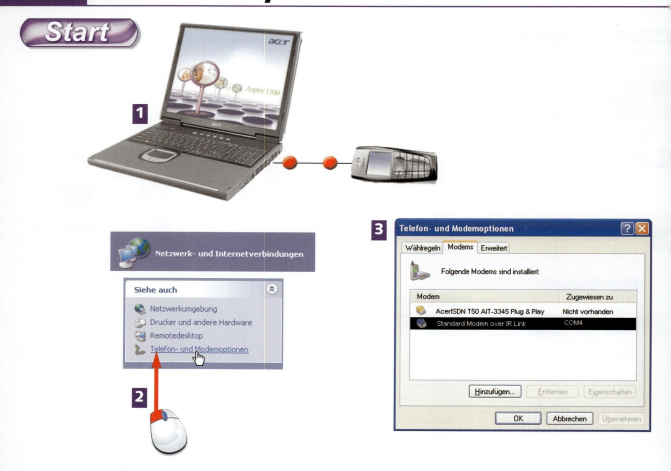

1 Richten Sie Ihr Handy zur Infrarot-Schnittstelle des Notebooks aus. Windows XP wird das neue Gerät automatisch installieren.

2 Ob die Verbindung steht, können Sie über die *Modemoptionen* in der *Systemsteuerung* überprüfen.

3 Die Infrarot-Verbindung wird mit IR Link bezeichnet. Aktivieren Sie die Diagnose unter *Eigenschaften*.

Mobil im Internet surfen – die neue Mobilfunktechnik macht's möglich. Es geht auch ohne UMTS, wenn Ihr Notebook und Ihr Mobiltelefon eine Infrarot-Schnittstelle haben.

WISSEN

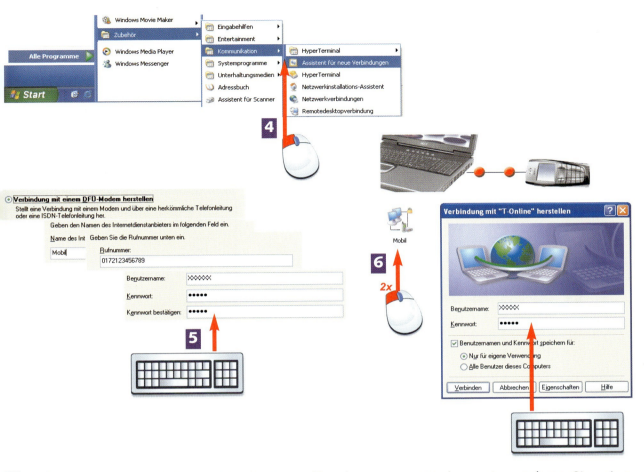

4 Richten Sie eine Internet-Verbindung für das neue Modem ein, geben Sie eine Bezeichnung und die Mobilfunknummer ein.

5 Tragen Sie die Rufnummer des Dienstanbieters und Ihre Verbindungsdaten ein.

6 Jetzt können Sie die Verbindung testen. Stellen Sie die Infrarotverbindung her, und starten Sie per Doppelklick auf das Desktopsymbol.

Ende

Ihr Notebook muss natürlich mit einem Modem ausgestattet sein, dieses übernimmt die Verbindungsaufnahme mit dem Internet.

UMTS: Neue Mobilfunkgeneration, mit 2 Megabit/Sek. dreimal schneller als DSL.

Die Infrarot-Verbindung bricht ab, wenn sich die Geräte zu weit voneinander entfernen. Stellen Sie auch keine Gegenstände dazwischen, die den Strahl unterbrechen.

HINWEIS **FACHWORT** **HINWEIS**

Start

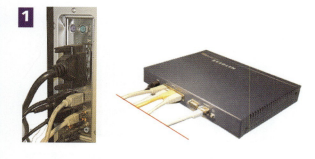

1 Erste und wichtigste Überprüfung: Sind alle Kabel angeschlossen und alle Verbindungen intakt?

2 Achten Sie auf die Verbindungssymbole in der *Netzwerkumgebung* und im Infobereich der Taskleiste, sie melden den Verbindungsstatus.

3 Ein Doppelklick auf das Symbol zeigt den Status und meldet, ob IP-Pakete empfangen und gesendet werden.

Sie haben alles richtig gemacht, und trotzdem funktioniert die Verbindung zum Internet nicht? Überprüfen Sie nochmal alles, fangen Sie bei der Hardware an.

WISSEN

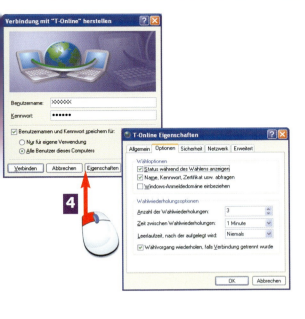

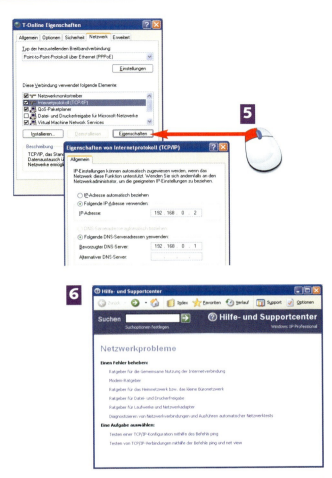

4 Kommt die DFÜ-Verbindung nicht zustande, überprüfen Sie die Einstellungen mit Klick auf *Eigenschaften*.

5 Überprüfen Sie die dem Computer zugewiesene IP-Adresse (auch unter *Start>Netzwerk-umgebung>Netzwerk-Verbindung* anzeigen).

6 Starten Sie das *Hilfe- und Supportcenter* von Windows, hier finden Sie Lösungen für Verbindungsprobleme.

Ende

Wenn die Adresse nicht automatisch vom Router oder aus dem Netzwerk zugeteilt wird, muss jeder Computer eine eigene, fest vergebene IP-Adresse erhalten.	IP-Adressen im Heim-netzwerk sind im Adress-bereich 192.168.0.2 bis 192.168.0.255. Der Router hat die Adresse 192.168.0.1.	Das Symbol rechts unten in der Task-leiste richten Sie über die Eigenschaf-ten der Verbindung ein. Wenn Sie eine Telefonanlage im Einsatz haben, müssen Sie evtl. eine 0 vorwählen. Stellen Sie das in der Einwahl ein.
TIPP	**HINWEIS**	**HINWEIS**

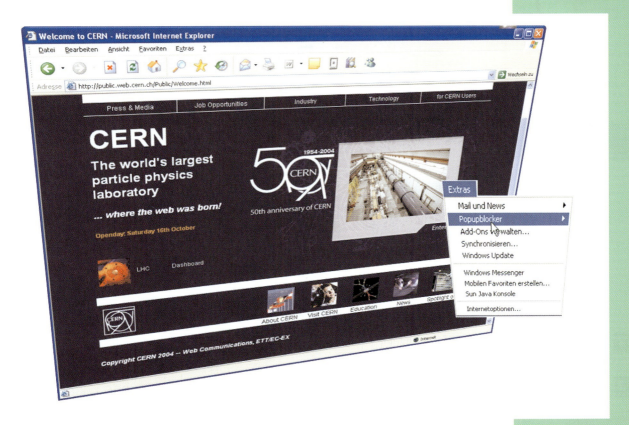

Der Internet Explorer

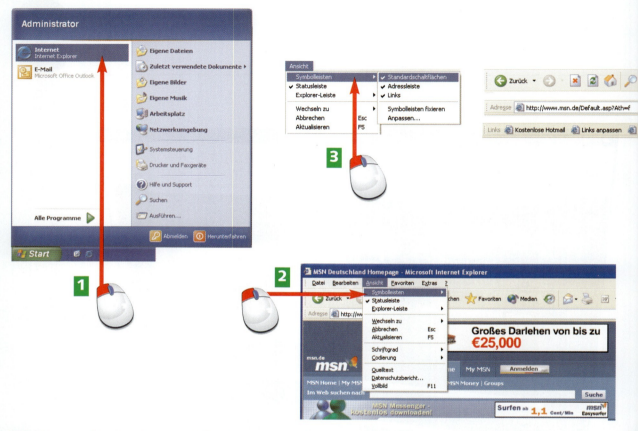

1 Starten Sie den Internet Explorer über das Symbol im Windows-Startmenü oder aus der Schnellstartleiste.

2 Im *Ansicht*-Menü können Sie einzelne Programmteile ein- und ausblenden, zum Beispiel die Symbolleisten am oberen Rand.

3 Setzen Sie das Häkchen vor einer Symbolleiste, wird diese angezeigt. Drei Symbolleisten stehen zur Auswahl.

Der Internet Explorer ist das Standard-Programm zur Anzeige von Internet-Seiten. Er gehört zum Lieferumfang von Windows. Sie können auch mit anderen Browsern arbeiten, diese müssen aber nachträglich installiert werden.

Die aktuelle Versions nummer (zur Zeit 6.0) finden Sie unter ?/Info. Achten Sie darauf, dass Sie stets die neueste Version

W I S S E N

H I N W E I S

4 Um die Startseite neu einzurichten, aktivieren Sie die *Internetoptionen* aus dem *Extras*-Menü.

5 Tragen Sie die Adresse der Seite ein, die Sie nach dem Programmstart sehen wollen, und bestätigen Sie mit *OK*.

6 Mit einem Klick auf das Startseiten-Symbol holen Sie Ihre neue Startseite auf den Bildschirm.

des Windows-Browsers installiert haben. Der Windows-Update (unter *Start>Alle Programme*) informiert Sie, wenn neue Versionen oder Bugfixes (Fehlerbereinigungen) verfügbar sind.

Browser (engl. to browse = blättern). Programm zur Anzeige und Bearbeitung von Internetseiten.

Sie können eine beliebige Seite aufrufen und diese unter *Extras> Internetoptionen>Aktuelle Seite als Startseite fixieren*. Wählen Sie *Leere Seite*, zeigt der Browser nach dem Start nichts an.

FACHWORT   HINWEIS

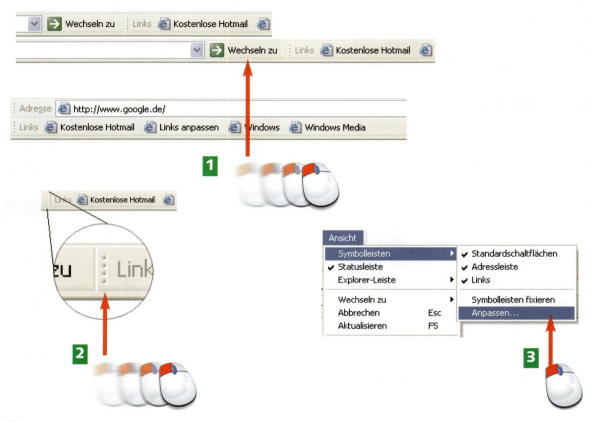

1 Die beiden unteren Symbolleisten können Sie mit der Maus wahlweise neben- oder untereinander anordnen.

2 Zeigen Sie an den linken Rand, und ziehen Sie die Leiste mit gedrückter Maustaste an eine neue Position.

3 Die große Symbolleiste ändern Sie über *Ansicht>Symbolleisten>Anpassen*.

Wichtig für unbeschwertes Internet-Surfen sind die Symbolleiste und die Adressleiste. Stellen Sie sicher, dass diese beiden Programmelemente aktiv sind, und richten Sie Ihre Leisten so ein, dass sie damit schnell und bequem im Internet surfen können. Die Größe der Symbole sollte der Bildschirmgröße entsprechen. Mit breiter Diagonale und hoher Auflösung sind größere

WISSEN

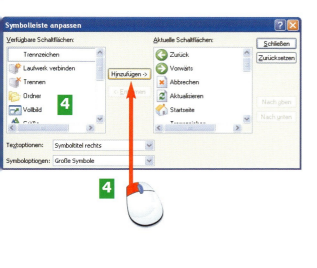

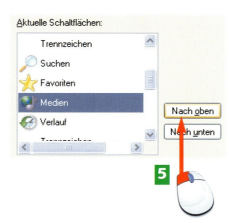

4 Links stehen alle verfügbaren Symbole zur Auswahl, klicken Sie auf *Hinzufügen*, um ein Symbol in die Auswahl zu holen.

5 Mit den Schaltflächen *Nach oben* und *Nach unten* ändern Sie die Reihenfolge der Symbole in der Symbolleiste.

6 Die Textoptionen entscheiden über die angezeigte Größe. Schalten Sie wahlweise die Titel einzelner Symbole hinzu.

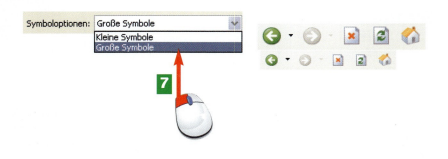

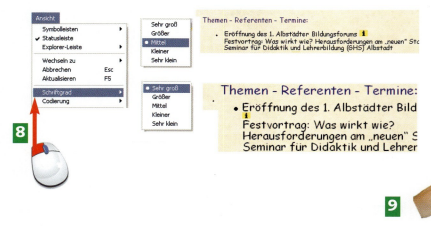

7 Die Symboloptionen bieten die Möglichkeit, die Symbolgröße anzupassen.

8 Wählen Sie im *Ansicht*-Menü den passenden Schriftgrad für Ihre Bildschirmauflösung.

9 So geht's schneller: Ziehen Sie das Mausrad mit gedrückter Strg-Taste, um die Schriftgröße zu verändern.

Verwenden Sie die passende Symbolgröße, und passen Sie die Schrift auf dem Bildschirm an. Webseiten arbeiten mit unterschiedlichen Schriftgrößen, ändern Sie diese je nach Lesbarkeit. Die Codierung bietet die Möglichkeit, Webseiten aus allen Ländern der Erde in der Landesschrift anzuzeigen.

WISSEN

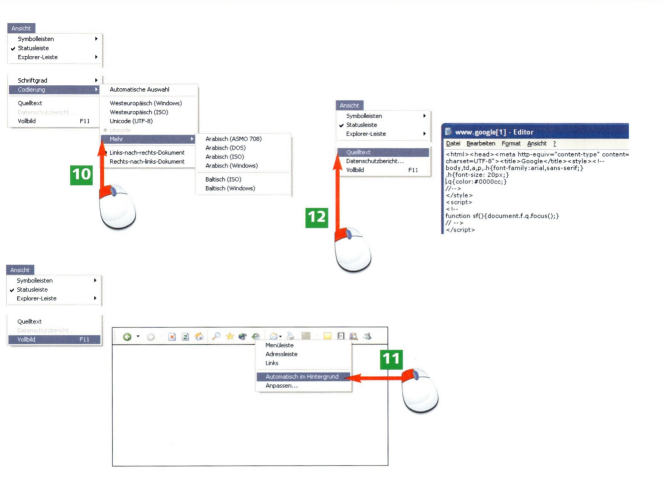

10 Die *Codierung* bietet die Möglichkeit, Schriftarten in anderen Sprachen und Sprach-
codes einzustellen.

11 Im *Vollbild* schaltet der Internet Explorer die volle Seiten auf den Bildschirm, nur die
erste Symbolleiste bleibt stehen.

12 Die Ansicht *Quelltext* öffnet ein Fenster im *Notizblock-Editor*, in dem
die HTML-Codierung der aktuellen Seite angezeigt wird.

Wenn sich die Schriftgröße nicht ändern lässt, hat sich der
Webdesigner für eine feste, nicht anpassbare Schriftcodierung
entschieden. Auch die Quelltextanzeige funktioniert nicht
immer.
Mit F11 schalten Sie die Seite blitzschnell in den Vollbildmodus
und auch wieder zurück.

**HTML (Hypertext Markup
Language):** Die Program-
miersprache, in der alle
Internet-Seiten erstellt werden.

FACHWORT

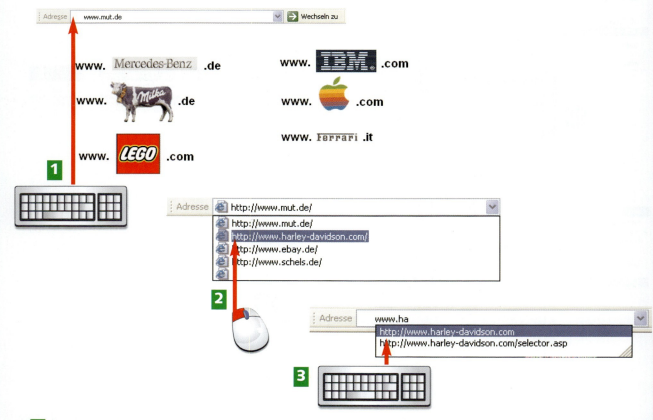

1 Kennen Sie die genaue Internet-Adresse der Seite, die Sie besuchen wollen? Dann geben Sie diese direkt in die Adresszeile ein.

2 Einmal eingegebene Adressen holen Sie aus der Verlaufsliste, die sich per Klick auf das Pfeilsymbol an der Adresszeile öffnet.

3 Tippen Sie eine Adresse ein, die schon in der Liste steht, wird diese automatisch vervollständigt, schließen Sie mit *<Eingabe>* ab.

Seiten über Produkte, Marken und bekannte Firmen lassen sich fast immer direkt über den Namen aufrufen. Die dreistellige Endung bestimmt die Herkunft (siehe Kapitel 1). Nutzen Sie Ihre Adresszeile, sie merkt sich auch die meisten Internet-Adressen, die Sie eintippen.

Wenn die teilweise eingetippte Adresse zur Anzeige der

WISSEN

4 Auf ungültige Adressen (siehe unten) erhalten Sie eine Meldung der MSN Suche (ein Internet-Dienst von Microsoft).

5 Ist die Adresse ok, aber die Seite steht nicht mehr im Netz, meldet das der Internet-Server, mit dem Sie verbunden sind.

6 Auch das gibt es: Die Seite lässt sich momentan nicht laden – probieren Sie es einfach noch einmal.

gewünschten Adresse in der Liste führt, drücken Sie einfach die Cursortaste nach unten, markieren den passenden Eintrag und bestätigen mit der Eingabetaste.

Regeln für Internet-Adressen:
– darf nur Buchstaben, Zahlen, Bindestrich und einige Sonderzeichen enthalten.
– darf nicht mit einer Zahl beginnen oder enden
– hat mindestens 3, maximal 63 Zeichen
Alle Regeln hier: www.denic.de/de/richtlinien.html.

HINWEIS

1 Sind Sie auf der richtigen Seite gelandet, führen Sie Links zu weiteren Seiten. Klicken Sie diese einfach an.

2 Je nach Link, ob intern oder extern, wird die nächste Seite im gleichen oder in einem neuen Browserfenster aktiv.

3 Oft tauchen bei dieser Gelegenheit auch noch „Pop Ups" auf, zusätzliche und ungewollte Werbefenster.

Links sind die Kernelemente der Navigation auf Internet-Seiten. Mit Links wird der Besucher geführt und verführt, auf Seiten zu klicken, die ihn interessieren (sollen). Die Wahrheit ist nur einen Klick entfernt …
Zeigen Sie auf einen Link, und sehen Sie in der Statuszeile nach, wohin dieser führt..

WISSEN

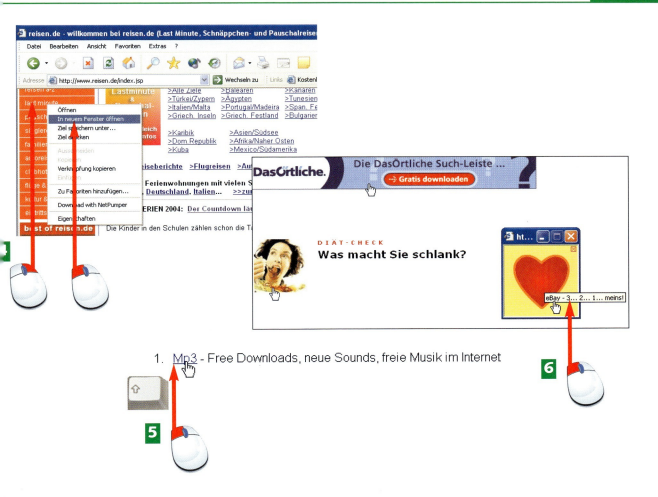

4 Wenn Sie eine Seite im Browser behalten wollen, öffnen Sie das neue Fenster über das Kontextmenü der rechten Maustaste.

4 Halten Sie die Umschalt-Taste gedrückt, während Sie auf einen Link klicken, wird ebenfalls ein neues Browser-Fenster aktiv.

4 Links können aber auch mit Werbeschildern (Banner) und anderen Bildern verknüpft sein. Ein Klick, und Sie sind dabei …

Ende

Lästige Pop-Ups werden Sie mit einem einfachen Trick los: Drücken Sie Strg + W. Damit schließen Sie das Fenster, bevor das Pop-Up aktiv werden kann.	**Link:** Verknüpfung auf eine Internet-Seite, ein Programm oder eine Datei.	**Pop-Up:** Werbefenster, das ohne Zutun des Anwenders geöffnet wird, wenn eine Internet-Seite geöffnet oder geschlossen wird.

TIPP   **FACHWORT**   **FACHWORT**

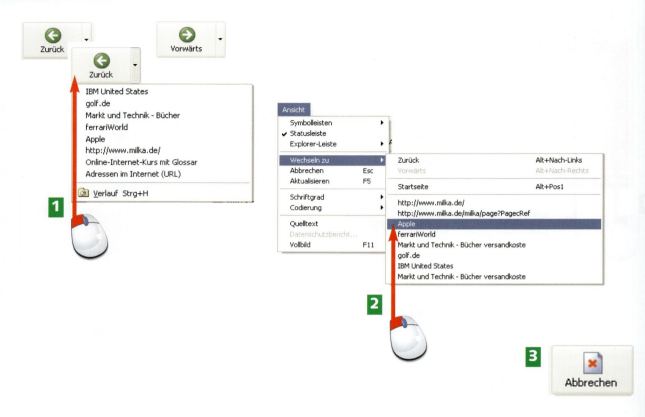

1 Klicken Sie auf *Zurück*, wenn Sie zuvor besuchte Seiten öffnen wollen. Ein Klick auf das Pfeilsymbol öffnet eine Liste.

2 Das *Ansicht*-Menü bietet unter *Wechseln zu* ebenfalls eine Auswahl zuletzt benutzter Adressen an.

3 Ein Klick auf *Abbrechen* wird nötig, wenn eine Seitenübertragung zu lange dauert. Brechen Sie damit den Transfer der Seite ab.

Die Symbole der Symbolleiste sind Ihre wichtigsten Steuerelemente im Internet Explorer. Schalten Sie zwischen besuchten Seiten vor und zurück, holen Sie eine aktuelle Version oder blenden Sie die Startseite ein.

MSN: Microsoft Netwo... Der Internet-Dienst vo... Microsoft.

WISSEN

FACHWORT

4 Klicken Sie auf *Aktualisieren*, um eine aktuelle Version der angezeigten Seite zu laden.

5 Hier klicken Sie, um die unter *Extras/Internetoptionen* eingetragene Startseite aufzurufen.

6 Die Schaltfläche *Suchen* blendet eine linke Randleiste ein, in der Sie die Suchmaschine von MSN benutzen können.

Der Internet Explorer speichert besuchte Seiten als temporäre Dateien auf der Festplatte. Ein Klick auf *Aktualisieren* wird nötig, wenn Sie nicht sicher sind, ob die angezeigte Seite aus dem internen Speicher stammt oder topaktuell ist. Mit *Aktualisieren* wird die Seite neu geladen.

Löschen Sie regelmäßig Ihre temporären Dateien, dann sind die aufgerufenen Seiten immer topaktuell. *(Extras> Internetoptionen)*.

HINWEIS

TIPP

7

8

9

7 Auch für *Favoriten*, für *Medien* (zum Abspielen von Videos und Sounds) und für den *Verlauf* gibt es je eine Randleiste.

8 Das E-Mail-Symbol führt Sie direkt zum installierten E-Mail-Programm (zum Beispiel Outlook Express).

9 Mit einem Klick auf *News lesen* wird der NewsReader von Outlook Express aktiv, er bearbeitet Newsgroups (Diskussionsgruppen).

Die Randleiste links außen können Sie wahlweise für die Favoritenliste (siehe nächstes Kapitel), für die Wiedergabe von Videos und Sounddateien mit dem Media Player oder für die Verlaufsliste verwenden. Nutzen Sie weitere Symbole und Menüoptionen, um Seiteninhalte zu speichern, zu drucken oder zu bearbeiten.

WISSEN

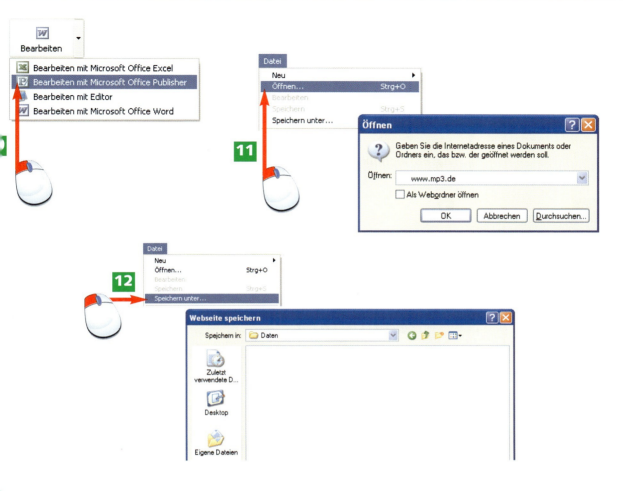

10 Wenn Sie die angezeigte Seite bearbeiten wollen, klicken Sie auf *Bearbeiten*. Es bietet alle dafür geeigneten Programme an.

11 Im *Datei*-Menü finden Sie den Eintrag *Öffnen*, mit dem Sie sowohl Webseiten als auch gespeicherte Dateien aktivieren können.

12 Und so wird eine Seite als Datei gespeichert: Klicken Sie auf *Datei>Speichern*, und geben Sie einen beliebigen Dateinamen an.

Wenn die Seite in Frames (Rahmen) unterteilt ist, wird mit dem Symbol *Drucken* nur der aktuelle Rahmen gedruckt. Klicken Sie mit der rechten Maustaste in den Seitenteil, den Sie ausdrucken wollen, und wählen Sie *Drucken* aus dem *Kontext*-Menü.

News: Diskussionsgruppen auf Servern, die mit einem Newsserver (Outlook Express) gelesen werden.

TIPP

FACHWORT

Start

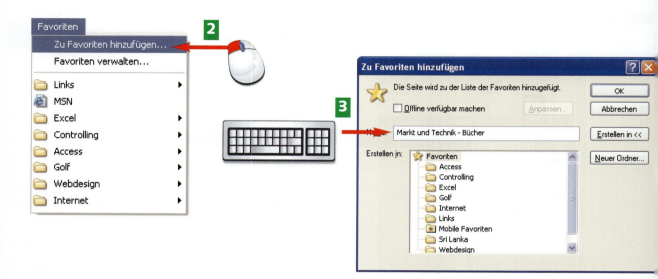

1 Um eine Seite in die Favoritenliste aufzunehmen, rufen Sie diese zunächst auf.

2 Wählen Sie aus dem *Favoriten*-Menü *Zu Favoriten hinzufügen*, …

3 … suchen Sie einen passenden Ordner, klicken Sie diesen an und ändern Sie den angezeigten Namen nach Ihrer Wahl.

Wichtige und nützliche Internet-Seiten sollten Sie als Favoriten sichern. Legen Sie sich gleich von Anfang an eine praktische Ordnerstruktur zu, und archivieren Sie häufig besuchte Webadressen. So bleiben Sie flexibel beim Surfen im weltweiten Netz.

WISSEN

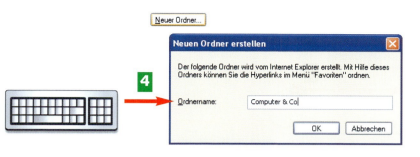

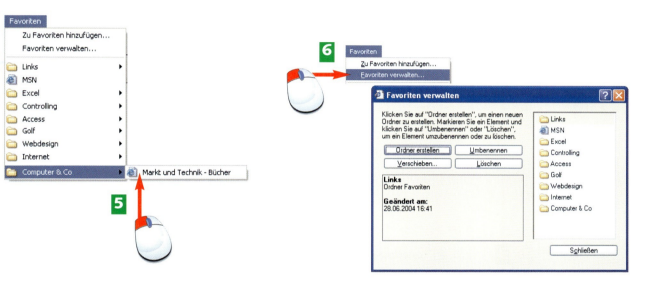

4 Für einen neuen Ordner klicken Sie auf das gleichnamige Symbol. Tragen Sie den Ordnernamen ein, und bestätigen Sie mit *OK*.

5 Die Adresse ist in die Favoritenliste aufgenommen, sie steht im Ordner auf Klick zur Verfügung.

6 Mit dem Menüpunkt *Favoriten verwalten* erhalten Sie eine Übersicht. Erstellen, verschieben oder löschen Sie Ordner und Einträge.

Ein Klick auf das Symbol *Favoriten* öffnet die Favoritenliste am linken Fensterrand.

Der beim Speichern einer Adresse vorgeschlagene Name muss nicht übernommen werden. Nennen Sie Ihre Favoriten, wie Sie wollen.

TIPP

HINWEIS

1 Rufen Sie die Internet-Seite, die Sie als Link anlegen wollen, auf und wählen Sie *Favoriten>Zu Favoriten hinzufügen*.

2 Markieren Sie den Ordner *Links*, tragen Sie einen passenden Namen ein, und bestätigen Sie mit *OK*.

3 Verschieben Sie Links in der Linkleiste mit der Maus, indem Sie diese mit gedrückter Maustaste an eine neue Position ziehen.

Gespeicherte Links sind die etwas schnellere Alternative zu Favoriten.

Da die Symbolleiste für Links aber nicht sehr groß ist, sollten Sie nur die allerwichtigsten Adressen als Links hinterlegen.

WISSEN

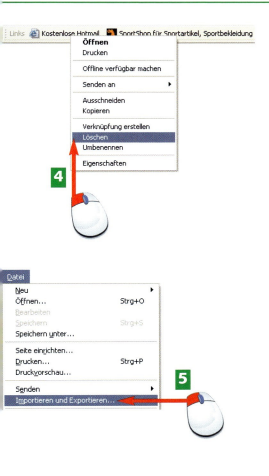

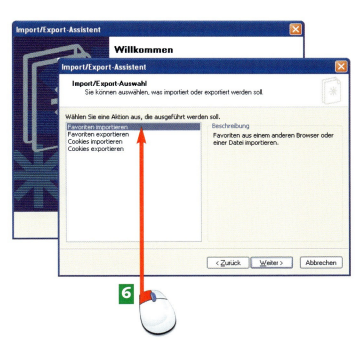

4 Um einen Link zu löschen, wählen Sie *Löschen* aus dem Kontextmenü der rechten Maustaste.

5 Mit *Datei>Importieren und Exportieren* können Sie Favoriten und Links zwischen Computern austauschen.

6 Wählen Sie die gewünschte Aktion, und importieren oder exportieren Sie ihre Favoriten- und Linklisten.

TIPP

Favoriten und Links können einfach mit der Maustaste zwischen Ordnern oder in Ordner verschoben werden. Ziehen Sie einen Eintrag mit gedrückter Maustaste auf einen Ordner und von dort in die Ordnerliste. Auch das Umbenennen geht über das Kontextmenü der rechten Maustaste schneller.

TIPP

Exportieren Sie Ihre Favoritenliste regelmässig mit der Option im Datei-Menü, und speichern Sie die Datei auf Diskette oder CD/DVD. So bleibt Ihre wertvolle Adresssammlung bei einem Computercrash erhalten.

1 Überprüfen Sie die Versionsnummer Ihres Internet Explorers über *Info* im *Fragezeichen*-Menü.

2 Stellen Sie im Sicherheitscenter (Systemsteuerung) sicher, dass alle Updates automatisch installiert werden.

3 Überprüfen Sie, ob alle wichtigen Updates installiert sind, und richten Sie diese ggf. ein.

Fast täglich melden Fachzeitschriften und Internet-Portale neue Sicherheitslücken im Internet Explorer, die Angriffe durch Hacker, Viren, Trojaner u. a. ermöglichen. Sichern Sie Ihren Computer, indem Sie dafür sorgen, dass die neueste Version des Browsers und die neuesten Bugfixes (Fehlerbereinigungen) installiert sind.

WISSEN

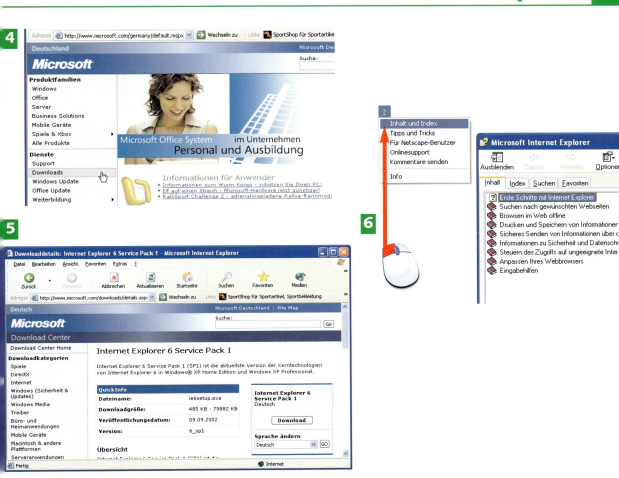

4 Auf der Webseite von Microsoft www.microsoft.de finden Sie ebenfalls Updates und Downloads.

5 Service Packs müssen auf jeden Fall installiert werden (hier das Service Pack 1), damit die Sicherheit gewährleistet ist.

6 Weitere Informationen, Hilfetexte, Tipps und Tricks zum Internet Explorer hält das Hilfefenster bereit.

Einen Link zur Internet-Seite Windows-Update finden Sie auch im *Extras*-Menü.
Microsoft bietet ein Tool an, das Ihr System (Windows und Browser) abslout sicher überprüft: Der „Microsoft Baseline Security Analyzer" kann (in deutscher Sprache) unter dieser Adresse abgeholt werden:
www.microsoft.com/technet/security/tools/mbsahome.mspx

HINWEIS

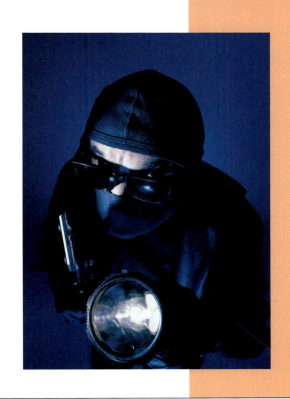

4

Sicherheit vor Viren, Würmern und Hackern

Start

Sofort Lesen!.exe

Sofort Lesen!.exe   TollesAngebot.xls

Liebesbrief.doc   Nur für dich, privat.exe

BigSound.com   Wichtiger Update.zip

1 Viren sind Computerprogramme, die sich wie ihre biologischen Vorbilder selbständig verbreiten und vermehren.

2 Der Virus ist Teil einer Datei, die gewollt oder ungewollt aus dem Internet geladen wird oder als E-Mail empfangen wird.

3 Wird die Datei geöffnet, installiert sich der Virus selbsttätig, verbreitet sich automatisch weiter und löscht evtl. Daten.

Sicherheit ist im Internet oberstes Gebot, denn Viren, Würmer und Hackerangriffe können großen Schaden anrichten. Leider tauchen immer wieder Sicherheitslücken in Browsern und E-Mail-Programmen auf.

Infos und Gegenmaßnahmen zu Trojanern finden Sie hier:
www.trojaner-info.de

WISSEN   **TIPP**

4

5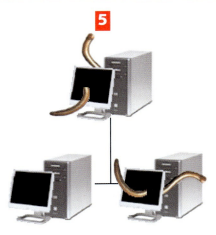

6

– Häufige Abstürze
– Dateien und Ordner fehlen
– Computer arbeitet sehr langsam
– Festplatte arbeitet ständig
– Computer verschickt selbstständig E-Mails

4 Trojaner sind Viren, die erst nach einer Wartezeit zuschlagen oder Passwörter ausspähen.

5 Würmer infizieren ganze Netzwerke und legen diese lahm. Sie verbreiten sich wie Viren meist über E-Mails.

6 Es gibt sichere Anzeichen dafür, dass sich Ihr Computer mit einem Virus angesteckt hat.

Kostenlose Virenschutzprogramme oder Freeware sollten Sie nicht benutzen, hier ist die Aktualität nicht sichergestellt. Ihr Antivirenprogramm sollte auf jeden Fall automatische Updates als Service bieten, damit die neuesten Viren erkannt werden.

Die meisten Virenschutzprogramme bieten automatische Updates und ständige Überwachung aller Aktivitäten an.

TIPP

HINWEIS

Start

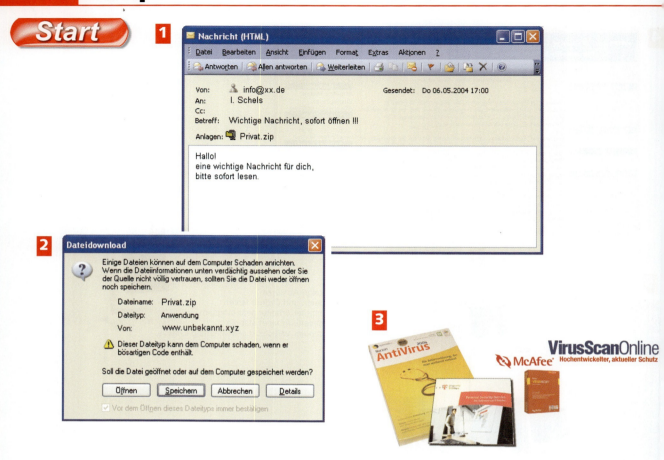

1 Öffnen Sie niemals unbekannte Anhänge in E-Mails.

2 Laden Sie keine unbekannten Dateien aus dem Internet. Schon das Speichern der Datei kann eine Virusinfektion auslösen.

3 Installieren Sie ein Antivirenprogramm, es schützt Ihren Computer vor Virenbefall und vernichtet bereits vorhandene Viren.

Einen perfekten Schutz gibt es nicht, aber das Risiko, sich einen Virus einzufangen, können Sie weitgehend ausschalten. Die Investition in ein gutes Virenschutzprogramm sollte Ihnen Ihre Sicherheit wert sein.

WISSEN

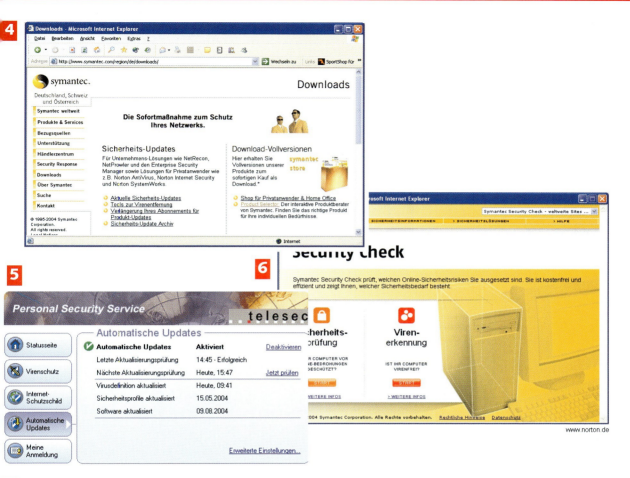

4 Viele Virenschutzprogramme werden im Internet als Testversion zum Download angeboten.

5 Testen Sie mit einem Online-Virencheck, ob Ihr Computer ausreichend geschützt ist.

6 Stellen Sie sicher, dass Ihr Virenschutz automatisch die neuesten Vireninfos und Updates aus dem Internet holt.

Hier finden Sie Virenschutzprogramme:
www.norton.de,
www.mcafee.de,
www.sophos.de, www.t-online.de/sicherheitsprodukte

Diese Dateiendungen in E-Mail-Anhängen kennzeichnen ausführbare Programme und sind hochriskant:
EXE, COM, PIF, BAT, JS, SCR, VBS, WS

Wird ein neuer Virus entdeckt, aktualisieren die Virenschützer ihre Virusdefinitionen und senden diese an ihre Kunden. Stellen Sie sicher, dass Sie immer die aktuellste Version haben.

TIPP   **HINWEIS**   **HINWEIS**

Der Zugang zu allen Heilmethodenbereichen kostet 1,86€ pro Minute.

1 Dialerseiten installieren Software, die beim Aufbau einer Verbindung automatisch auf einen Anbieter teurer Zusatzdienste umleitet.

2 Geraten Sie auf eine Dialer-Seite, informiert diese – meist winzig klein – über hohe Kosten der Telefonverbindung.

3 Nach dem ersten Klick erscheint eine (gesetzlich vorgeschriebene) Einwahlmaske. Sehen Sie sich hier die Anbieterinformationen an.

Dialer-Seiten sind vom Gesetz zwar erlaubt, können aber teuer zu stehen kommen. Nach dem Aufruf der Seite wird die Eingabe von OK verlangt, damit bestätigt der Anwender, dass er eine teure Einwahlnummer akzeptiert. Die Kosten stehen nur im Kleingedruckten.

WISSEN

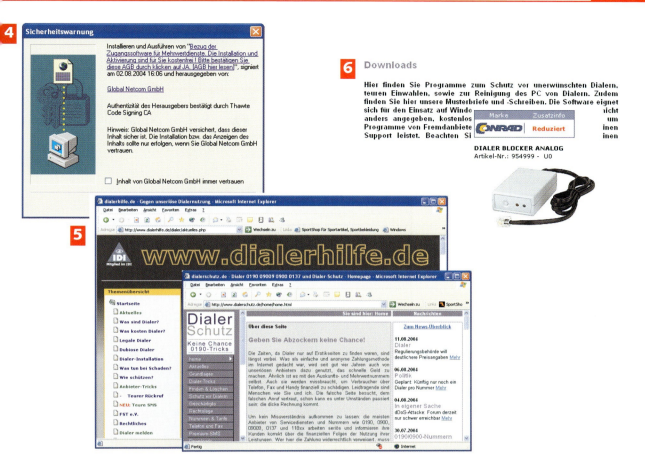

4 Wenn Sie eine solche Meldung bestätigen, wird eine Einwahlsoftware installiert, die Ihre Verbindung auf die teuren Telefonnummern umstellt.

5 Informieren Sie sich bei www.dialerschutz.de oder www.dialerhilfe.de über die unseriösen Anbieter von Dialerseiten.

6 Gegen Dialer kann man sich mit Software oder Hardware schützen. Sehen Sie auf der Download-Seite der Dialerhilfe nach.

Ende

TIPP

Hier eine Anleitung, wie man installierte Dialer aufspürt: http://trojaner-info. de/dialer/woranerkennen.shtml. Unter www.dialer-control.de können Sie ein Programm der Telekom bestellen, das alle Telefonate mit Mehrkosten stoppt.

HINWEIS

DSL-Anwender sind sicher vor Dialern, da diese sich über DSL nicht ins Telefonnetz einwählen können (außer, sie finden noch einen zusätzlichen Analog-Anschluss).

FACHWORT

DSL: Digital Subscriber Line, Telekom-Anschluss mit hoher Geschwindigkeit.

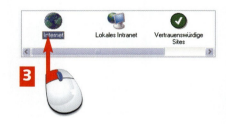

1 Starten Sie den Internet Explorer, und schalten Sie im *Extras*-Menü auf *Internetoptionen*.

2 Auf der Registerkarte *Sicherheit* finden Sie alle Sicherheitseinstellungen für den Browser.

3 Wählen Sie über die Symbole eine Sicherheitszone aus.

Treffen Sie die ersten Schutzmaßnahmen gegen Viren, Würmer und Hackerangriffe in Ihrem Browser. Konfigurieren Sie den Internet Explorer so, dass Sie sicher surfen können.

WISSEN

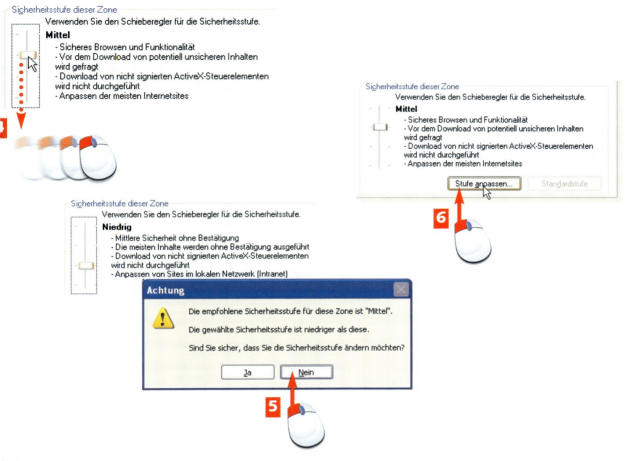

4 Mit dem Schieberegler können Sie die Sicherheitsstufe der Zone abändern.

5 Die niedrigen Stufen sind nicht zu empfehlen, eine Sicherheitswarnung weist auch darauf hin.

6 Klicken Sie auf *Stufe anpassen*, um die gewählte Sicherheitsstufe im Detail zu ändern.

Wenn Ihr Browser keine Java-Elemente darstellen kann, müssen Sie die Java Virtual Machine nachinstallieren, da Microsoft den Browser nicht mehr damit ausrüstet. Sun bietet die VM kostenlos zum Download an: www.sun.com

Hier finden Sie weitere Informationen zur Browsersicherheit: www.sicherheit-im-internet.de

ActiveX: Programmiertechnik von Microsoft, wird häufig als nicht sicher eingestuft.

TIPP   **TIPP**   **FACHWORT**

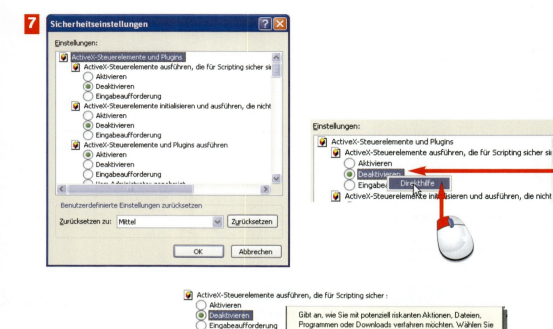

7 Die Einstellungen werden angezeigt, Sie können einzelne Optionen per Klick umstellen.

8 Klicken Sie mit der rechten Maustaste auf eine der angebotenen Optionen, und wählen Sie *Direkthilfe*.

9 Jetzt sehen Sie eine ausführliche Beschreibung zur markierten Sicherheitsoption.

In den Einstellungen der Sicherheitsstufe können Sie die einzelnen Angaben noch verfeinern und so die Sicherheit Ihres Browsers erhöhen.
Die höchste Sicherheitsstufe ist nicht zu empfehlen, da sie viele Seiteninhalte nicht durchlässt und so die zuverlässige Anzeige der Internetseiten nicht gewährleistet.

WISSEN

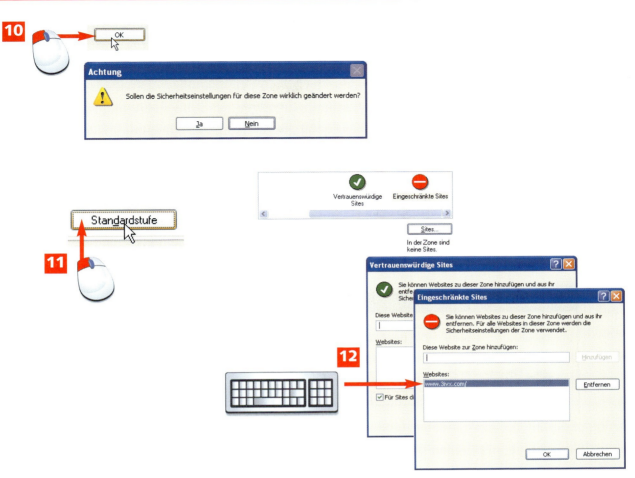

10 Mit Klick auf OK speichern Sie die Änderungen für die Sicherheitsstufe ab; bestätigen Sie noch die Sicherheitsmeldung.

11 Wenn Sie eine Zone wieder auf die ursprünglichen Einstellungen zurücksetzen wollen, klicken Sie auf Standardstufe.

12 Die beiden letzen Zonen haben die niedrigste bzw. höchste Sicherheitsstufe. Hier müssen Sie die Adressen der zugelassenen Seiten eintragen.

Die ActiveX-Steuerelemente für Scripting müssen aktiviert sein, wenn Sie automatische Updates über Windows Update beziehen wollen.

Wenn Sie *Vertrauenswürdige Sites* als Stufe wählen, müssen Sie alle Seiten einzeln eintragen, die zugelassen sind. Umgekehrt tragen Sie bei *Eingeschränkte Sites* alle Seiten ein, die Sie sperren wollen.

HINWEIS　　　　　　　**HINWEIS**

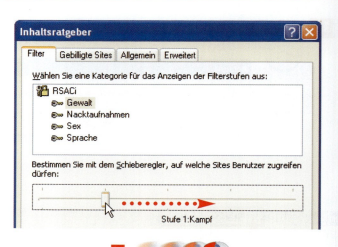

1 Für Kinder bietet das Internet nicht nur Spaß und Informationen, sondern auch Gefahren.

2 Unter *Extras>Internetoptionen>Inhalte* können Sie gezielt einstellen, welche Inhalte der Browser anzeigen soll und welche nicht.

3 Klicken Sie auf einzelne Filterstufen, und stellen Sie mit dem Schieberegler die Filterintensität ein.

Kinder sind auf der Reise durch das Internet besonders gefährdet, weil sie Warnungen und Sicherheitshinweise (oft in Englisch) nicht beachten. Schützen Sie Ihre Kinder auch vor Schund und Schmutz aus dem Internet.

Mit dem Filter in den *Sicherheitseinstellungen* können Sie gezielt Internet-Seiten herausfiltern, die nicht für Kinder geeignet sind.

WISSEN

TIPP

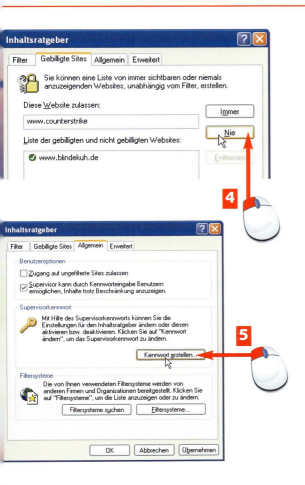

4 Auf der Seite *Gebilligte Sites* tragen Sie Adressen ein, die Sie zulassen oder vor denen Sie Kinder schützen möchten.

5 Sie sollten die Sicherheitseinstellungen im Inhaltsratgeber schützen. Geben Sie hier ein Supervisor-Kennwort ein.

6 Die beste Kindersicherung: Surfen Sie gemeinsam mit Ihren Kindern durch das Internet.

Die Internet-Suchmaschine für Kinder „Blinde Kuh" hält Sicherheitstipps für kleine Surfer bereit:
www.blinde-kuh.de/fbitips.html

TIPP

Im *Inhaltsratgeber* geben Sie die Seiten an, die Sie anzeigen lassen wollen.

HINWEIS

Gute Ratschläge für Eltern von Internet-Kids gibt es auch im Kika:
/www.kika.de/_inhalte/ueber-kika/eltern/internet/kinder_im_internet/index.shtml

TIPP

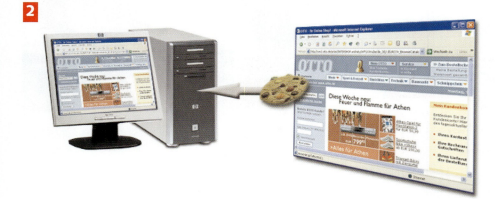

1 Cookies (engl. „Kekse") sind (meist) harmlose Textdaten, die von manchen Internet-seiten auf Ihren Computer übertragen werden.

2 Besuchen Sie die Seite, wird das Cookie auf der Festplatte gespeichert. Wenn Sie später wieder auf der Seite landen, …

3 … kann der Anbieter den Cookie auslesen und so überprüfen, wann und wie lange Sie ihn besucht hatten.

Die digitalen Kekse sind eine Erfindung der Marketingstrategen. Sie spähen das Verhalten der Surfer aus und nutzen die Daten zur Optimierung der Webseiten. Eigentlich sind sie harmlos, aber man weiß ja nie …

WISSEN

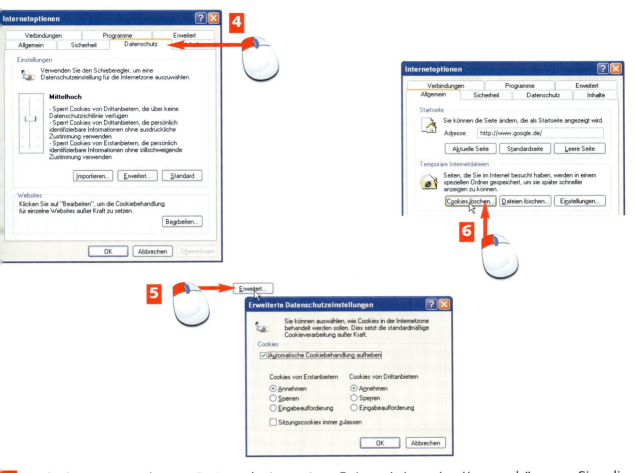

4 Auf der Registerkarte *Datenschutz* unter *Extras>Internetoptionen* können Sie die Behandlung von Cookies einstellen.

5 Klicken Sie auf *Erweitert*, und passen Sie die Einstellungen individuell an.

6 Um alle Cookies von Ihrem Computer zu entfernen, schalten Sie auf die Registerkarte *Allgemein* um und klicken auf *Cookies löschen*.

Standardmäßig lassen die Sicherheitseinstellungen alle Cookies durch. Wenn Sie auf *Bestätigung* stellen, müssen Sie sehr oft entsprechende Anfragen beantworten.

Viele Webseiten geben ihre Inhalte nicht oder nicht vollständig preis, wenn Sie keine Cookies akzeptieren.

Löschen Sie ab und zu Ihre Cookies über die *Internetoptionen*. Cookies und Kombinationen aus Cookies können Aufschluss über Ihre Surfgewohnheiten geben.

TIPP　　　　**HINWEIS**　　　　**TIPP**

7 Nicht ganz so harmlos wie Cookies sind Spähprogramme (Spyware). Sie installieren sich oft ohne Erlaubnis des Benutzers.

8 Spyware versteckt sich im System und lädt sich automatisch, wenn Sie Windows starten. Sie kann großen Schaden anrichten.

9 Im Internet finden Sie Spezialsoftware zur Entfernung von Spyware, zum Beispiel Ad-Aware.

Eine Spyware-Infektion holt man sich häufig mit dem Download und der Installation von Shareware oder Freeware. Manchmal bleibt nur eine lästige Symbolleiste mit Werbung hängen, es gibt aber auch richtig gefährliche Programme. Nicht selten verlangsamt die Späher-Software das gesamte System.

WISSEN

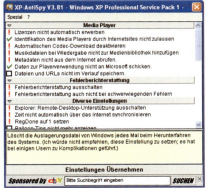

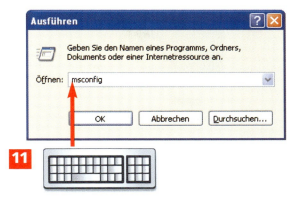

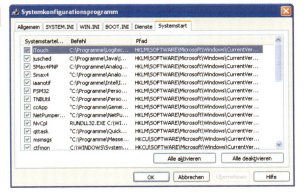

10 Auch Windows XP und der Internet Explorer enthalten Funktionen, über die der Benutzer keine Kontrolle hat. XP-AntiSpy klärt auf.

11 Ein nützliches Windows-Dienstprogramm spürt Späher auf: Wählen Sie *Start> Ausführen*, geben Sie *MSCONFIG* ein und bestätigen Sie mit Klick auf *OK*.

12 Auf der Registerkarte *Systemstart* können Sie Programme abwählen, die sich mit dem Start von Windows in den Speicher laden.

TIPP

Drücken Sie Strg + Alt + Entf, und schalten Sie im Task-Manager auf *Prozesse* um. Hier sehen Sie eine Liste aller aktiven Programme.

HINWEIS

Ob Windows selbst „spioniert", wird heiß diskutiert. Das Betriebssystem verbindet sich häufig selbständig mit den Internetseiten von Microsoft und überträgt auch Daten, meist aber zum Schutz und um die aktuellen Updates zu sichern.

Start

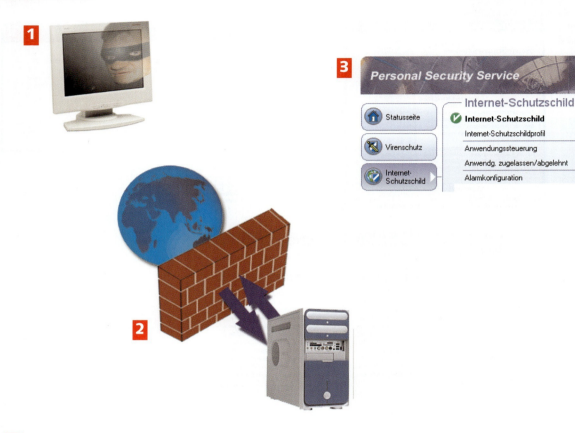

Personal Security Service

Internet-Schutzschild

Statusseite	Internet-Schutzschild	Aktiviert
Virenschutz	Internet-Schutzschildprofil	Hoch
	Anwendungssteuerung	Auffordern
Internet-Schutzschild	Anwendg. zugelassen/abgelehnt	33 / 3
	Alarmkonfiguration	Nur Protokoll

1 Hacker sind Leute, die in fremde Computer eindringen.

2 Vor ungebetenen Gästen schützen Firewalls. Das sind Spezialprogramme, die alle Eingänge des Computers überwachen.

3 Gute Sicherheitssoftware enthält meist auch eine Firewall, die alle Zugriffe von außen blockiert.

Eine Firewall gehört zur Grundausstattung eines Computers. Sie überwacht alle Ein- und Ausgänge Ihres Computers (Ports), verhindert den Zugriff von außen und schützt so Ihr Betriebssystem, Ihre Daten und Ihre Privatsphäre.

WISSEN

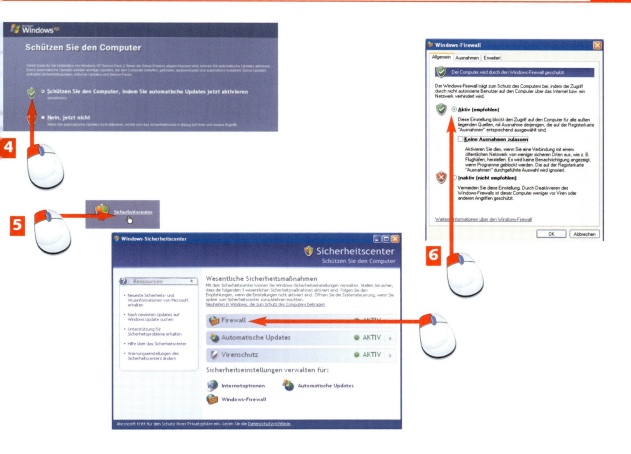

4 Mit dem Service Pack 2 ist Windows XP mit einem Sicherheitscenter mit Firewall ausgestattet. Schalten Sie sie bei der Installation ein.

5 Das Sicherheitscenter finden Sie in der Systemsteuerung. Klicken Sie auf den Link zur Firewall, …

6 … und richten Sie die Firewall hier im Detail ein.

Das Service Pack 2 wird automatisch installiert, wenn Sie Windows Update aktiviert haben (*Systemsteuerung*).

Achten Sie darauf, dass manche Programme nicht laufen oder nicht richtig funktionieren, wenn die Firewall aktiv ist. Tragen Sie diese in den Einstellungen zur Firewall als Ausnahmen ein, damit sie „durchgelassen" werden.

HINWEIS   TIPP

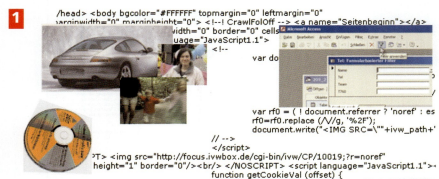

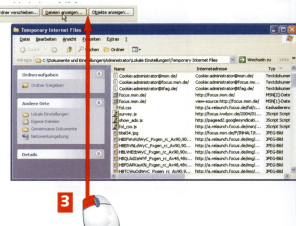

1 Mit der Zeit sammelt sich auf Ihrem Rechner jede Menge Datenmüll aus dem Internet an, denn alles, was Sie im Internet sehen, …

2 … ob Texte, Bilder oder Videos, wird auf Ihre Festplatte geladen. Sehen Sie in den *Internet-Optionen* unter *Einstellungen* nach.

3 In diesem Ordner finden Sie alles wieder, was Sie beim Surfen im Internet eingefangen hatten.

Die Surfgänge im Internet belasten Ihr System mit der Zeit, weil immer mehr Daten gesammelt, aber nicht mehr gelöscht werden. Befreien Sie Ihren Computer ab und zu von Datenmüll, und löschen Sie auf fremden Computern immer Ihre Spuren (z. B. im Internetcafé).

WISSEN

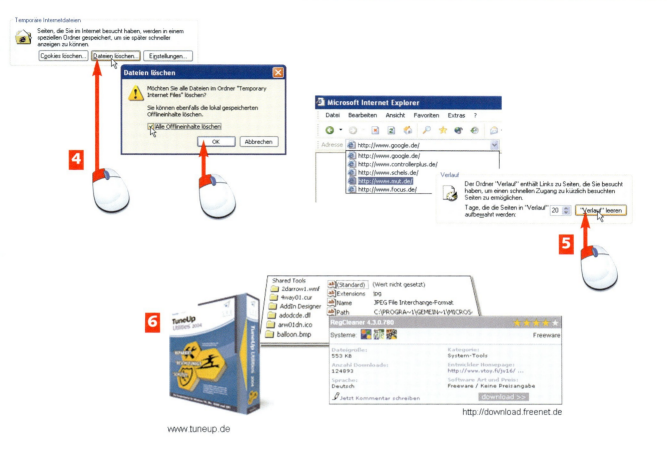

www.tuneup.de

http://download.freenet.de

4 Löschen Sie diesen Müll gelegentlich, um Ihre Festplatte zu entlasten.

5 Auch für die Verlaufsliste mit den Adressen, die direkt eingetippt wurden, gibt es eine Löschfunktion.

6 Die Registry enthält auch viele Surfspuren. Mit dem RegCleaner oder den TuneUp Utilities entfernen Sie diese zuverlässig.

Ende

FACHWORT	TIPP	HINWEIS
Registry: Unsichtbare Datenbank, in der Windows Einstellungen für Benutzer und installierte Programme speichert.	In der Registry werden auch persönliche Daten festgehalten. Speichern Sie deshalb niemals Passwörter oder Zugriffscodes auf fremden Computern.	Der Ordner mit temporären Dateien ist dem Profil des Benutzers zugeordnet, jeder Benutzer hat demnach seinen eigenen Datenmüll.

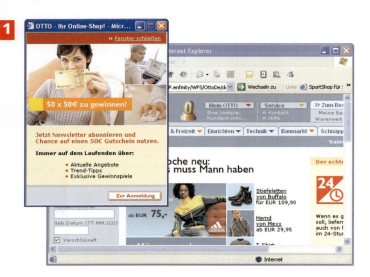

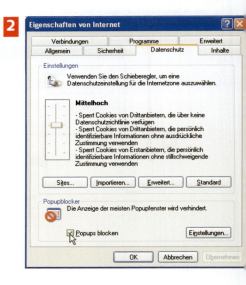

1 Pop-Ups werden automatisch in einem neuen Browserfenster aktiv, oft auch mehrmals hintereinander.

2 Wenn Sie das Windows XP Service Pack 2 installiert haben, finden Sie unter *Extras>Internetoptionen* einen Pop-Up-Blocker.

3 Für einige Seiten, zum Beispiel bei Homebanking oder für eBay müssen Sie Pop-Ups zulassen. Tragen Sie hier die Adressen ein.

Pop-Ups sind unerwünschte Werbefenster, die beim Öffnen oder Schließen einer Seite auftauchen. Schalten Sie sie mit Windows XP aus.

WISSEN

4 Stellen Sie die passende Filterstufe und die Benachrichtigungen für Pop-Ups ein.

5 Auch die Toolbar der beliebten Suchmaschine Google hat einen Pop-Up-Blocker.

6 Besonders lästig sind automatische Änderungen der Startseite oder Startfenster. Unter www.dialerhilfe.de finden Sie eine Lösung.

Nicht alle Pop-Ups sind lästige Werbefenster, manche werden für den Dialog mit dem Anwender, zum Beispiel zur Eingabe von Passwörtern benutzt.

Wenn Sie trotz Pop-Up-Stopper ein zweites Fenster erhalten, hat der Anbieter ein Java-Applet programmiert. Gegen die sind die Pop-Up-Stopper machtlos.

Wenn Sie die Option *„Informationsleiste anzeigen ..".* setzen, erscheint eine Meldung mit dem Pop-Up unterhalb der Adresszeile.

HINWEIS

TIPP

HINWEIS

Video und Foto aus dem Internet

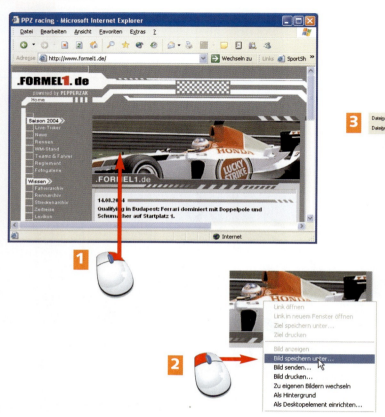

1 Internetseiten präsentieren neben interessanten Textbeiträgen meist auch schöne Bilder.

2 Die Bilder können Sie einfach mit der rechten Maustaste anklicken und auf die Festplatte speichern.

3 Im Windows Explorer steht das Bild dann zur Verfügung.

Multimedia wird im Internet groß geschrieben. Mit der Erfindung komprimierter Bildformate (GIF, JPEG) können die Internetseiten viele Bilder anzeigen und zum Download anbieten.

WISSEN

> download

4 Mit der Bildersuchfunktion von Suchmaschinen – hier von Google – finden Sie die besten Bilder.

5 Manchmal zeigt die Seite nur eine Vorschaugrafik, und ein Klick auf das Bild vergrößert dieses in einem neuen Fenster.

6 Bildschirmbilder sind natürlich von schlechter Qualität, weil sie stark verkleinert sind. Für Original-Fotos wird meist ein Download angeboten.

Achten Sie auf die Dateiendung: GIF steht für kleine Vorschaubilder mit geringer Qualität (Logos, Banner), JPEG ist das Format für Fotos.

Klicken Sie ein Bild mit der rechten Maustaste an und wählen Sie *Eigenschaften*. Jetzt sehen Sie den Bildtyp und die Bildgröße.

Über das Kontextmenü der rechten Maustaste können Sie ein Internet-Bild auch per Mail versenden, als Bildschirmhintergrund speichern oder (ohne zu speichern) ausdrucken.

TIPP   **TIPP**   **HINWEIS**

7

9

8

7 Professionelle Bilder und Fotos in bester Qualität liefern – gegen Lizenzgebühren – Bilddatenbanken.

8 Hier können Sie Bilder nach Stichworten suchen, …

9 … und einzeln oder im Paket kaufen. Bezahlt wird per Kreditkarte.

Das Internet ist auch eine Fundgrube für professionelle Bildverwerter. Bilddatenbanken, Fotoagenturen und Fotografen bieten ihre Kunstwerke gegen Bezahlung zum Download an, mit wenigen Handgriffen erhalten Sie das passende Bild für alle Gelegenheiten. Weitere Bilddatenbanken: www.fotos-direkt.de, www.onetox.de

WISSEN

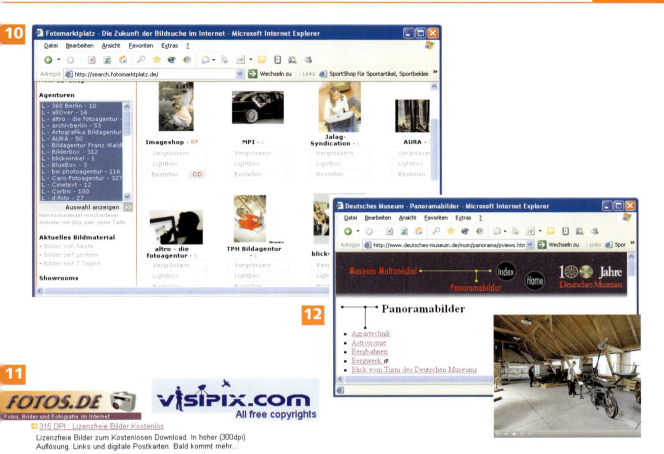

10 Auf dem Fotomarktplatz www.fotomarktplatz.de können Sie Bilder direkt bei den Bildagenturen kaufen.

11 Mit etwas Geduld findet man aber auch immer wieder Seiten, die gute Bilder kostenfrei anbieten.

12 Panoramas sind spezielle Bilder. Sie bestehen aus mehreren Fotos, die mit Spezialsoftware zu einem Rundum-Bild verarbeitet wurden.

Achten Sie auf die Bildlizenz, hier gibt es Unterschiede. Manche Anbieter räumen eine Einmalbenutzung ein, andere geben das bezahlte Bild komplett frei.

Zur Herstellung von Panoramabildern liefern viele Digitalkameras spezielle Software mit. Die Profisoftware Cool3D gibt's bei www.ulead.de.

Die meisten Bilddatenbanken bieten ihre Sammlungen auch auf CDs an, preislich meist günstiger als bei Einzelbildkauf.

TIPP   TIPP   HINWEIS

1 Videos gehören zum Standard auf guten Internetseiten. Videoclips werden mit Vorschaufotos angeboten. Ein Klick genügt, …

2 …und das Video wird im Media Player von Windows abgespielt.

3 Videoclips können auch als Dateien per Download auf die Festplatte gespeichert werden.

Videos gehören zu guten Internetseiten wie das Bild zum Prospekt. Mit den neuen Übertragungstechniken wird Streaming (direkte Übertragung) allmählich zum Standard im Internet-Video und verdrängt die klassischen Clips.

WISSEN

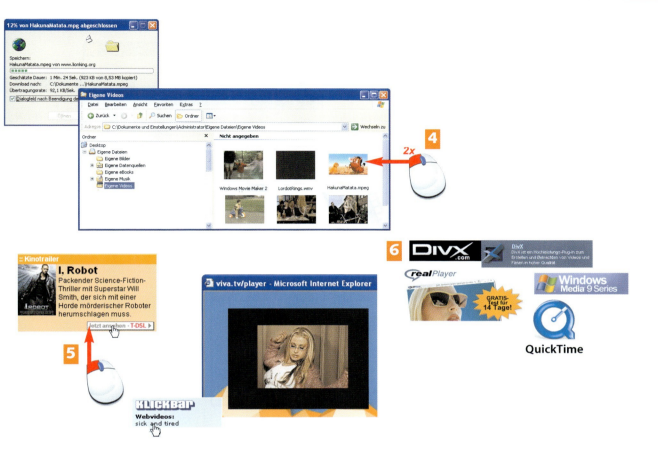

4 Im Windows Explorer unter *Eigene Videos* steht das Video anschließend zur Verfügung. Starten Sie es per Doppelklick.

5 Die meisten Internet-Clips werden als Streaming-Video angeboten, diese Filme werden direkt abgespielt und können nicht gedownloaded werden.

6 Für den perfekten Videogenuss brauchen Sie die neueste Version der Multimedia-Software. Sehen Sie auf den Seiten der Anbieter nach.

Plug-In: Software zur Wiedergabe von Multimedia-Daten.

Wenn Windows eine Videodatei nicht wiedergeben kann, installieren Sie das entsprechende Plug-In.
http://vision.t-online.de/, http://music.real.com/
http://www.zdf.de, www.kino.de
http://www.discovery.de/de/pub/tv/discovery_filme.htm
http://www.prosieben.de/wissen/galileo/videoarchiv

FACHWORT   HINWEIS

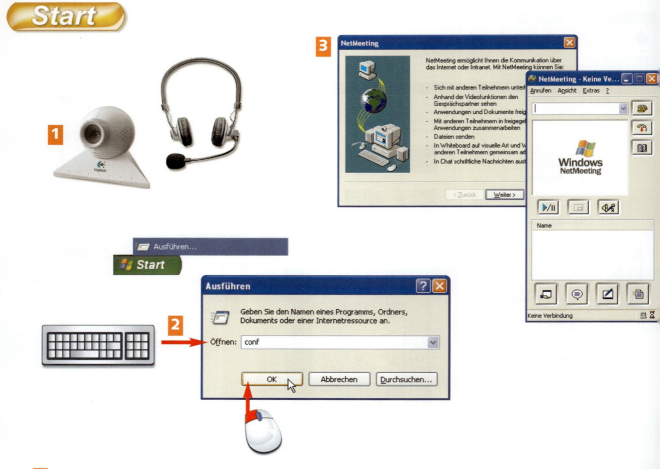

1 Für Videokonferenzen brauchen Sie neben Lautsprechern und Mikrofon eine PC-Kamera (Webcam).

2 NetMeeting ist ein Programm für Videokonferenzen. Zur Installation geben Sie unter *Start>Ausführen conf* ein.

3 Installieren Sie NetMeeting und nehmen Sie Kontakt zu anderen Webcam-Betreibern auf, die auf Verzeichnisservern gelistet sind.

Mit einer Kaffeekanne fing es an. Die erste Webcam entstand, weil ein Student wissen wollte, ob es im ersten Stock noch Kaffee gab. Heute ist die laufende Videokamera auf vielen Webseiten zu finden, Bildtelefon und Videokonferenzen sind längst Standard.

WISSEN

4 Microsoft Portrait ist ein kleines, kostenloses Programm für Videokonferenzen und Internet-Telefonie, das auch auf PDAs läuft.

5 Auf zahlreichen Seiten im Internet werden Webcams angeboten, Live-Ansichten auf Landschaften, Büros, Wetterstationen und vieles mehr.

6 Im Webcam-Center www.webcam-center.de finden Sie eine große Auswahl an Webcam-Anbietern und viele Tipps zur Technik.

NetMeeting ist ein Programm von Windows XP, es muss aber für den ersten Einsatz installiert werden. Der NetMeeting-Server von Microsoft ist unter ils.netmeeting.de erreichbar.

Live-Videostreams gibt es hier:
www.tagesthemen.de
Video on demand:
www.t-online-vision.de

Hier können Sie Microsoft Portrait downloaden:
http://research.microsoft.com/ ~jiangli/portrait

HINWEIS   **TIPP**   **TIPP**

1 Die kleinen Zeichentrickfilme, die u.a. als „Intro" beim Start einer Seite auftauchen, heißen Flash- oder Shockwave-Animationen.

2 Zum Abspielen dieser Animationen brauchen Sie einen Player. Ist dieser nicht installiert, erhalten Sie einen Link zum Download.

3 Die Player für Flash und Shockwave gibt es kostenlos beim Hersteller Macromedia, sie werden online installiert.

Flash ist ein Internet-Standard für Animationen, kleine Zeichentrickfilme, die seit neuestem auch Videosequenzen enthalten können.

WISSEN

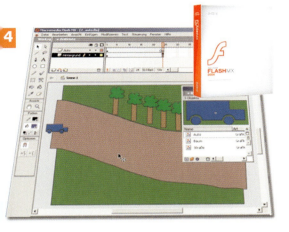

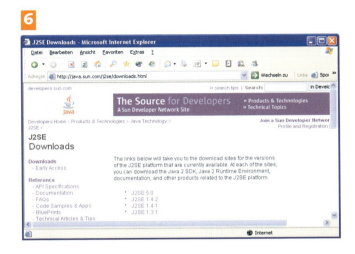

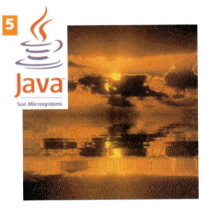

4 Zur Herstellung von Animationen braucht der Webdesigner das Programm Flash von Macromedia.

5 Java-Applets sind ebenfalls meist Animationen, erstellt mit der Programmiersprache Java.

6 Damit Java-Applets im Internet Explorer angezeigt werden, muß die Java-VM (Virtual Machine) installiert sein.

Hier können Sie Java downloaden:
http://java.sun.com/j2se/downloads.html

Schalten Sie vor der Installation des Flash-Players die Firewall aus.

Shockwave ist das Vorgängerformat von Flash, es wird noch häufig auf Webseiten verwendet. Für den Flash-Player gibt es regelmäßig Updates. Schauen Sie ab und zu bei Macromedia vorbei: www.macromedia.com

TIPP   **TIPP**   **FACHWORT**

Musik aus dem Internet

Start

1 MP3 heißt das Zauberwort für Musik auf dem Computer. Millionen von Musiktiteln stehen zum Anhören oder Download zur Verfügung.

2 Auf vielen Webseiten finden Sie Informationen über MP3 von der Erfindung bis zur Kaufberatung.

3 Windows XP bietet mit dem Windows Media Player ein gutes Abspielgerät für MP3-Dateien.

Musik gibt es im Internet direkt und live oder per Download als MP3-Datei. Musikfans kommen auch ohne illegale Raubkopien auf ihre Kosten, das Angebot ist groß genug.

WISSEN

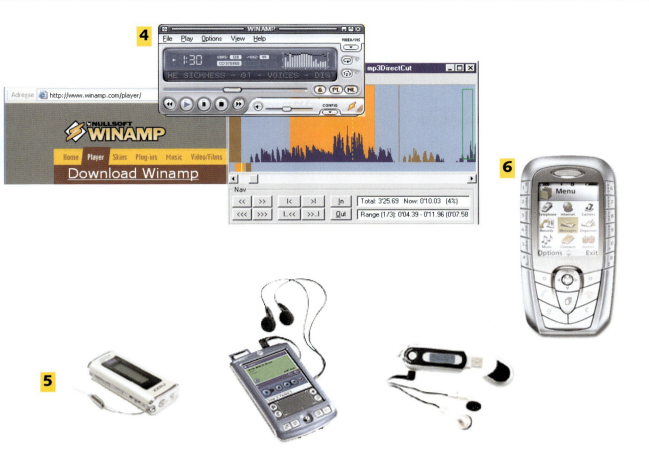

4 Im Internet finden Sie zahlreiche MP3-Player in allen Varianten und Preisklassen. Win-Amp gehört zu den bekanntesten.

5 MP3-Player gibt es auch als tragbare Geräte mit USB-Anschluss, auch Taschen-Organizer (PDA) spielen MP3-Musik.

6 Längst bietet auch der Mobiltelefonmarkt MP3-fähige Handys an. Die Musik kommt per Download vom Provider.

MP3: Bezeichnet ein Kompressionsverfahren für Musikdaten. Die Originaldatei wird dabei ohne wahrnehmbare Verluste stark verkleinert.

Für WinAmp gibt es tolle Skins (Oberflächen), die einfach aufinstalliert werden, zum Beispiel bei www.musikarchiv-online.de.

Für den Windows Media Player gibt es einen Update mit vielen neuen Funktionen. Aktivieren Sie *Windows Update* im Sicherheitscenter (*Systemsteuerung*).

FACHWORT   **TIPP**   **TIPP**

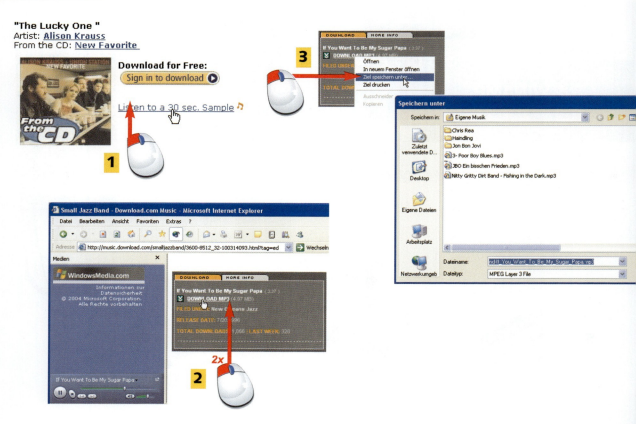

1 Für die meisten Songs wird vor dem Download eine kurze Hörprobe als Streaming-Audio angeboten, klicken Sie diese einfach an.

2 Um Musik direkt ohne Download zu hören, klicken Sie den Titel an. Der Browser schaltet Windows Media ein und spielt den Song ab.

3 Klicken Sie den Link mit der rechten Maustaste an und wählen Sie *Speichern unter*, um ihn als Datei zu speichern.

Mit einer guten Verbindung lässt sich Musik direkt (streaming) hören. Wer seine Lieblingsstücke im Computer konservieren, also auf CD oder DVD brennen möchte, startet einen Download.

WISSEN

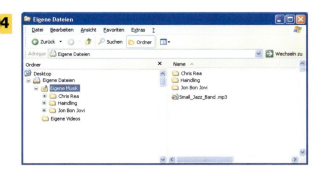

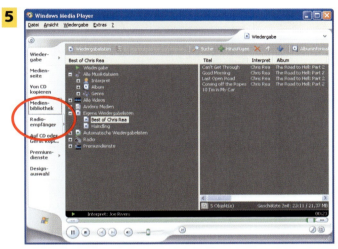

4 Anschließend steht die Datei im Windows Explorer zur Verfügung.

5 In der Medienbibliothek des Windows Media Player können Sie Ihre Musiksammlung verwalten und organisieren.

6 Stellen Sie eigene Wiedergabelisten zusammen und brennen Sie Ihre Musik direkt auf CDs.

Ende

Ganz legale Downloads:
http://neon.stern.de
Forum für klassische Musik:
www.klassikopen.de

Das Portal für Musiker:
www.musiker-flohmarkt.de

Vorsicht Dialer! Viele Seiten, die auf Tauschbörsen verweisen, sind mit Dialern versehen. Ein teurer Hörgenuss …

TIPP

TIPP

HINWEIS

Start

1 KaZaA KaZaA Lite eDonkey WinMX eMule BitTorrent soulseek eeTee Morpheus

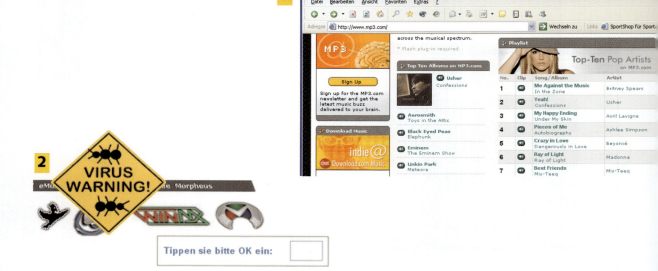

2
VIRUS WARNING!

Tippen sie bitte OK ein:

1 Musik über Tauschbörsen und Share-Server downzuloaden ist nicht nur illegal, …

2 … sondern wird durch Dialer und gezielte Virenverseuchung immer riskanter und teurer

3 Viele Internetseiten bieten erstklassige Musik zum kostenlosen oder kostengünstiger Download an (hier www.mp3.com).

Die letzten Jahre wurde Musik in erster Linie illegal über Tauschbörsen aus dem Internet kopiert, was mit zunehmener Verseuchung der Seiten mit Viren und Dialern allmählich den Reiz verliert. Jetzt gibt es Musikbörsen, die viele Top-Clips aus den Charts zum legalen Download anbieten.

WISSEN

www.apple.com/de/itunes

4 Auch die Angebote der Musikbörsen sind fair und bezahlbar. Hier können Sie einzelne Songs gegen wenig Geld downloaden.

5 Die Musikbörse iTunes von Apple bietet die größte Auswahl an Musikstücken im Internet.

6 Bei Amazon kaufen Sie nicht nur preisgünstig ein, Sie können im Digital Music Store auch Musik downloaden.

Napster: www.napster.com
Musikbörse von
www.musicload.de

TIPP

Die Musikbörse iTunes von Apple verzeichnete im Jahr 2003 30 Millionen Downloads.

TIPP

International:
www.easymusicdownload.com
www.mp3advance.com
http://musicdownloads.walmart.com

HINWEIS

Start

1 Viele Seiten bieten freie oder kostengünstige Stücke zum Download an.

2 Einige Seiten bieten Künstlern die Möglichkeit, ihre Songs frei im Internet anzubieten.

3 Auch Hörbücher stehen zur Auswahl, hier bei www.readersplanet.de.

Es müssen nicht immer die Hits aus den Charts sein. Suchen Sie in freien Musikbörsen, hier finden Sie beste Musik von Nachwuchskünstlern und weniger bekannten Bands.

WISSEN

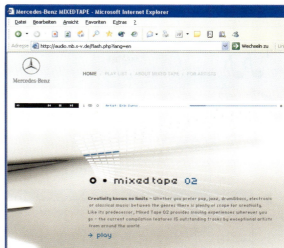

4

5

4 Online-Musikmagazine informieren über neueste Trends und bieten oft auch Musik zum Download an.

5 Musik für alle Anlässe ohne GEMA-Gebühren bietet ww.dv-sound.de

6 Das MixedTape-Projekt von Mercedes Benz ist eine Plattform für internationale Künstler aller Genres.

Für Leute, die keine Zeit haben, zu lesen: www.short-books.de bietet Zusammenfassungen von Sachbüchern und Romane als Hörbücher an.

Hier finden Sie das MixedTape-Projekt: http://www3.mercedes-benz.com/mixedtape/mixedtape.html

Bands und Musiker finden hier eine Plattform im Internet: www.kasino-royal.de www.stageilfe.de, www.band24.de www.bandboard.de ww.onlinemusik.de

TIPP   **TIPP**   **HINWEIS**

1 Radio hören mit einigen lokalen Sendern ist Vergangenheit. Internet-Webradio bringt Radiosender aus aller Welt auf den Computer.

2 Der Windows Media Player bietet unter der Rubrik *Radio-Empfänger* eine umfangreiche Liste mit Radiosendern aus aller Welt.

3 Suchen Sie einen Sender, und schalten Sie auf die Webseite um. Das Webradio startet meist automatisch.

Die Tage des Radioempfängers sind gezählt, die Hintergrundmusik kommt jetzt aus dem Computer. Alle Radiosender bieten ihr Programm im Internet an und sind damit weltweit zu empfangen.

Unter *Extras>Optionen* können Sie den Media Player konfigurieren, falls Probleme mit der Internet-Verbindung entstehen.

WISSEN

TIPP

4 Der Media-Index listet alle deutschen Radiosender mit Webradio.

5 Bei MSN finden Sie eine große Auswahl an internationalen Radiostationen.

6 Auf Suchseiten wie VirtualTuner oder ShoutCast finden Sie viele private
Radiosender und können sogar eigene Songs präsentieren.

Ende

Den Polizeifunk von New York
oder den Flugfunk der NASA?
Kein Problem, hier die Adresse:
www.surfmusik.de/poli.htm

Als Alternative zu den kommerziellen und halbstaatlichen
Sendern haben sich Freie Radios wie Querfunk in Karlsruhe
(www.querfunk.de) oder Radio Z in Nürnberg (www.radio-z.net)
etabliert. Hier der deutsche Bundesverband:
www.freie-radios.de/

TIPP

HINWEIS

Start

WaveRec.exe   WaveRec.txt

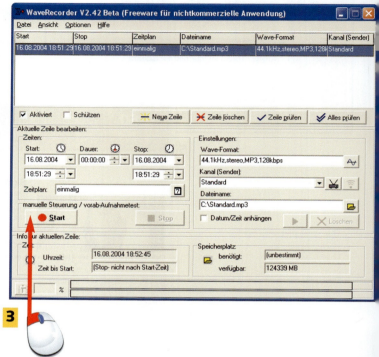

1 Mit einem kleinen Shareware-Programm können Sie Musik aus dem Webradio mitschneiden. Laden Sie das Programm, …

2 … und entpacken Sie die ZIP-Datei. Die Software muss nicht installiert werden, starten Sie gleich per Doppelklick auf das Symbol.

3 Rechts im Fenster stellen Sie ein, was wohin aufgezeichnet wird. Aktivieren Sie Ihr Webradio und starten Sie mit Klick auf *Start*.

Sie können alle Radiosender der Welt empfangen und endlich die Musik hören, die Sie wollen. Würden Sie die Sendungen gerne mitschneiden? Mit dem Wave-Recorder ist das kein Problem.

WISSEN

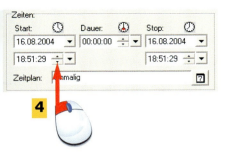

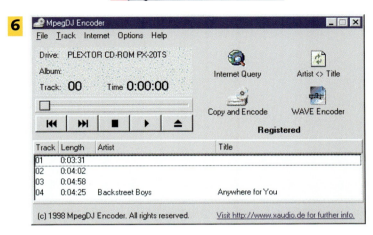

Mpeg DJ Encoder V1.24a

rarewares

www.rarewares.org

4 Mit dem Zeitfenster auf der linken Seite stellen Sie Aufnahmezeiten ein.

5 Um die Daten vom (älteren) WAV-Format in MP3 umzuwandeln, brauchen Sie noch einen Audiograbber.

6 MP3-Encoder finden Sie auf vielen Internet-Seiten als Shareware oder Freeware.

Der Wave-Recorder zeichnet nur im (älteren) Audioformat WAV auf, die Dateien werden sehr groß. Mit dem Audiograbber wandeln Sie die WAV-Daten in MP3 um.

Hier finden Sie einen Testbericht über MP3-Encoder:
www.tecchannel.de/multi-media/186/index.html

MP3-Encoder finden Sie hier:
www.mp3encoder.de.
www.cdex.n3.net
www.mpex.net

TIPP

HINWEIS

TIPP

Datentransfer im Internet

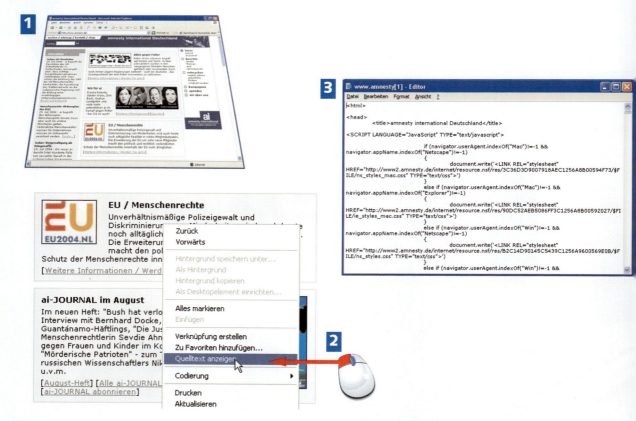

1 Wer sich sicher im Internet bewegen und Datenmaterial nutzen will, sollte die Dateiformate kennen, die der Browser verarbeitet.

2 Texte auf Internet-Seiten sind HTML-Skripts. Über das Kontextmenü (rechte Maustaste) gelangen sie in den Quelltext einer Seite, ..

3 ... der nur für Webdesigner und Programmierer lesbar ist.

WISSEN

Nicht ohne Grund wird das Internet auch Datenautobahn genannt. Ob Text, Bild, Flash oder Video, ständig werden Dateien unterschiedlicher Formate über das Netz gejagt. Machen Sie sich mit den Dateiformaten vertraut.

TIPP

Wenn die angezeigte Seite von einem Skript erzeugt wird, ist der Quelltext nicht abrufbar.

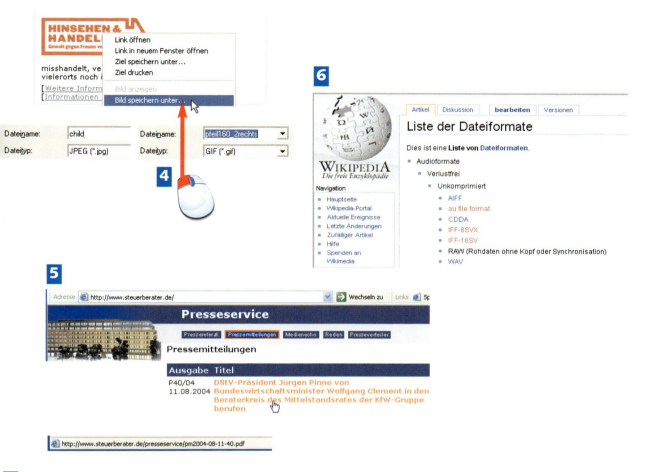

4 Für Bilder gibt es die beiden Grafikformate GIF (geringe Qualität) und JPEG (Fotos). Speichern Sie ein Bild, sehen Sie das Format.

5 Es gibt noch viele weitere Dateiformate, die auf Webseiten verwendet werden. Oft sieht man schon in der Statuszeile, was ein Link anbietet.

6 Bei Wikipedia, der Internet-Enzyklopädie, finden alle Dateiformate vollständig gelistet und erklärt.

Das Grafikformat PNG (Portable Network Graphics) wird langfristig GIF ablösen.

Wikipedia ist eine Enzyklopädie in mehr als fünfzig Sprachen, die von Internet-Surfern fortgeschrieben wird.

HTML: Hypertext Markup Language, die Programmiersprache für Internetseiten.

TIPP   **HINWEIS**   **FACHWORT**

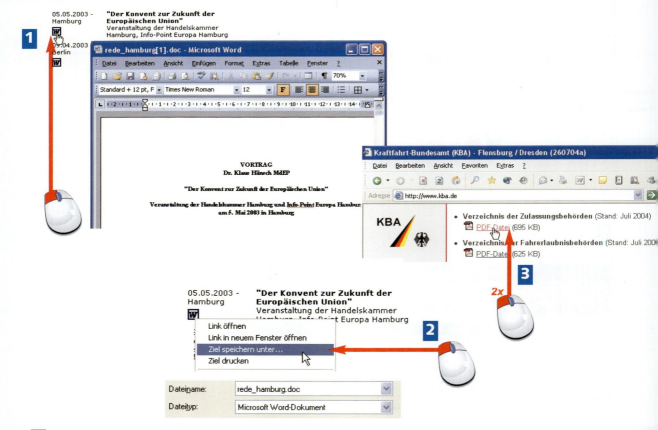

1 Das DOC-Format steht für Textdaten, im Microsoft Word-Format. Klicken Sie einen DOC-Link an, startet Word mit dem Textdokument.

2 Speichern Sie solche Texte aber sicherheitshalber vorher, und prüfen Sie die Dateien mit dem Antivirusprogramm auf Makro-Viren.

3 PDF ist ein Internet-Standard für Dokumente mit Text und Bildinformationen, erkennbar an der Dateiendung PDF.

Das wichtigste Internet-Format für Dokumente, die Texte und Bilder enthalten, ist PDF. Mit diesem Adobe-Format hat sich ein Standard für Text/Bild-Dokumente im Ganzseitenformat etabliert.

PDF: Portable Document Format, Dateiformat von Adobe Systems

WISSEN   **FACHWORT**

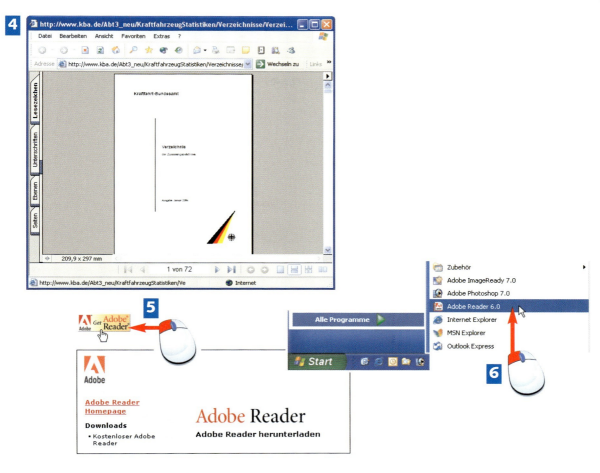

4 Mit dem Klick auf einen PDF-Link startet der Acrobat Reader, ein Zusatzprogramm von Adobe, und präsentiert die Datei.

5 Diesen Reader können Sie bei Adobe www.adobe.de kostenlos abholen und installieren.

6 Sie finden den Reader nach der Installation auch im *Programme-*Menü von Windows XP.

Ende

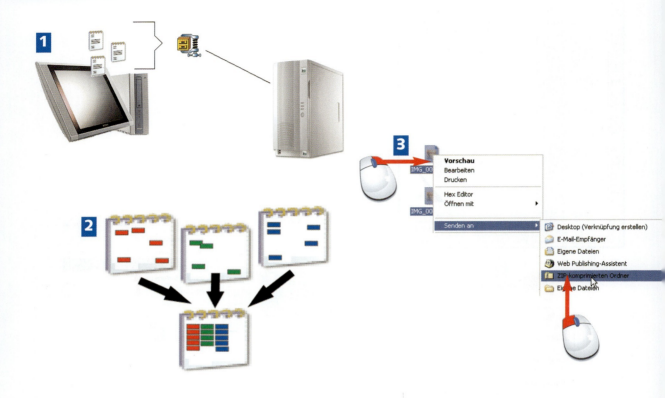

Vorschau
Bearbeiten
Drucken

Hex Editor
Öffnen mit

Senden an

Desktop (Verknüpfung erstellen)
E-Mail-Empfänger
Eigene Dateien
Web Publishing-Assistent
ZIP-komprimierten Ordner
Eigene Dateien

1 Große Datenmengen erfordern hohe Transportkosten und lange Übertragungszeiten. Sie werden deshalb vorher gepackt.

2 Dabei wird die Originaldatei komprimiert und in ein Archiv kopiert. Solche Archive können viele Dateien enthalten.

3 Sie können Dateien in Windows XP archivieren, holen Sie den Befehl einfach aus dem Kontextmenü.

Das Archivierungsprogramm hat einen entscheidenden Beitrag zur Entwicklung der Internet-Technik beigetragen. Es komprimiert Dateien auf minimale Größe und kann viele Dateien in einem Archiv zusammenfassen.

WISSEN

www.winzip.de

www.winrar.de

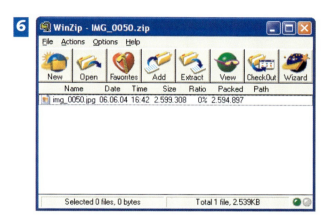

4 Im Internet finden Sie Programme wie WinZIP oder WinRAR, die etwas mehr Komfort für die Archivierung bieten.

5 Installieren Sie das Archivierungsprogramm, dann steht es auch im Kontextmenü zur Verfügung.

6 Wenn Sie ein Archiv per Download erhalten haben, müssen Sie die darin enthaltenen Dateien entpacken, um damit arbeiten zu können.

Windows XP kann Dateien ohne zusätzliche Archivierungssoftware wie WinZIP archivieren. Diese „komprimierten Ordner" sind kompatibel zum WinZIP-Format.

TIPP

Wenn Sie ein Archivierungsprogramm wie WinZIP oder WinRAR installieren, ersetzen Sie damit die Funktion der *komprimierten Ordner*.

TIPP

WinRAR ist im Unterschied zu WinZIP kostenlos und kennt alle gängigen Archiv-Formate für Dateien. WinACE ist ein Archivprogramm mit eigenem Format (ACE).

HINWEIS

1 Mit FTP werden Dateien direkt zwischen zwei Computern kopiert.

2 Um den Lieferanten, den FTP-Server, anzusteuern, wird dessen Adresse im FTP-Protokoll eingegeben.

3 Der FTP-Server bietet daraufhin seine Daten im Explorerfenster an. Suchen Sie den Ordner, in dem sich die Daten befinden, …

Eines der ältesten Protokolle im Internet ist FTP, es wurde schon 1971 im ARPANET für den Dateitransfer benutzt.

FTP: File Transfer Protocol. Regeln für die direkte Datenübertragung zwischen Computern.

WISSEN

FACHWORT

4 … und kopieren Sie die Datei direkt auf Ihre Festplatte.

5 Der Kopiervorgang kann natürlich etwas länger dauern.

6 Mit einem FTP-Client (hier der FTP-Explorer) können auch Dateien an FTP-Server geschickt werden.

TIPP

FTP-Clients zum Downloaden:
FTP-Explorer www.ftpx.com
FTP Uploader www.ftp-uploader.de
FTP Navigator www.softwarea.com
WS-FTP www.ws-ftp.com

HINWEIS

Anonyme FTP-Server bieten oft zahlreiche Shareware- und Freeware-Programme an. Vorsicht: Die Gefahr, sich einen Virus oder Spyware einzufangen, ist groß.

HINWEIS

Wenn ein Server „anonymes ftp" erlaubt, können Dateien ohne Angabe von Benutzerkennung und Passwort abgerufen werden. Der Benutzername ist dann „anonymous".

1

2

www.voipfone.de

Internet-Telefonie
www.nikotel.de

www.purtel.com

3 Telefon Adapter

Wi-Fi SIP Phone

1 Telefonieren über das Internet wird immer beliebter. ISDN oder DSL ist Voraussetzung, die Software kommt aus dem Internet.

2 Viele Anbieter haben sich auf Internet-Telefonie spezialisiert und bieten preisgünstige Lösungen.

3 Mit Adaptern oder Internet-Telefonapparaten wird das Telefonieren über Internet noch einfacher.

Das Internet hat unsere schriftliche Kommunikation vom Brief auf eMails umgestellt, jetzt ist das Telefon dran. Internet-Telefonie ist im Vormarsch, immer mehr Telekommunikationsfirmen bieten Geräte und Produkte dafür an.

WISSEN

4

5 **6**

4 Der Telespiegel hat alles zum Thema Internet-Telefonie zusammengefasst.

5 Wer Fax oder SMS per Internet verschicken will, kann sich im Netzmarkt bedienen.

6 Informieren Sie sich bei Teltarif.de über Angebote, Anbieter und Tarife.

TIPP

Viele Serviceprovider bieten SMS- und Faxversand über die registrierte Domäne als Zusatzleistung an.

TIPP

Einen Internet-Faxdienst, für den Sie kein Faxgerät brauchen und nicht immer online sein müssen, finden Sie hier: www.internet-fax.de

HINWEIS

Mit easyOffice können Sie Faxe, SMS und Briefe per Internet versenden www.fax.de.

1

3
www.myoffice2go.de

2 **freeOffice**

teamspace
let´s work together
www.teamspace.de

Kalender, Adressen,
Aufgaben
übersichtlich, schnell, aktuell.
Datenabgleich mit MS
Outlook,
Ihre Daten ganz einfach importiert.
Mit dem WAP-Handy
verfügbar
und Ihre Daten werden mobil.

1 Das Internet macht´s möglich: ein Büro, das auf der ganzen Welt verfügbar ist.

2 FreeOffice verwaltet zum Beispiel Kalender, Adressen und Aufgabenlisten online.

3 Online-Portale wie Office2Go oder Teamspace können Benutzergruppen und Online-Datenbanken einrichten.

Das virtuelle Büro wird mit dem Internet Wirklichkeit. Egal, ob Sie gerade in Berlin, Paris oder Tokio sind, Ihr Büro mit Adresskartei, E-Mails und Datenbanken steht Ihnen stets zur Verfügung.

W I S S E N

4 Das GMX-MediaCenter mit FileSharing, Fotoservice und großem Datenspeicher kann als virtuelle Festplatte genutzt werden.

5 Virtuellen Speicherplatz bieten auch Service-Provider wie Freenet.de zusätzlich zu E-Mail und anderen Diensten an.

6 Wer ein „echtes" Büro auf Zeit oder Telefonservice sucht, findet im Internet zahlreiche Adressen.

Ende

Das GMX MediaCenter können Sie auch für andere Benutzer öffnen. Freunde und Bekannte können so Fotos und Musikdateien öffnen und downloaden.

Die Adresse von FreeOffice:
www.freeoffice.de

Im TeamSpace können die Mitglieder Rundbriefe versenden, Nachrichten und Dateien austauschen und gemeinsame Terminkalender führen.

TIPP   **TIPP**   **HINWEIS**

Suchen mit Google & Co.

1 Wieviele Seiten im Internet stehen, lässt sich nur schätzen, es sind aber sicher mehrere Milliarden.

2 Wer hier gezielt Informationen sucht, nutzt am besten eine Suchmaschine.

3 Es gibt Suchmaschinen, die nur nach Begriffen suchen, …

Das Internet wird immer größer, und es wird immer schwieriger, Informationen zu finden. Gut, dass es Suchmaschinen wie Google und Co. gibt, sie bahnen den Weg durch den Datendschungel.

Hier finden Sie Tipps zu Suchmaschinen, ein Lexikon und ein Diskussionsforum: www.suchmaschinen-tricks.de

WISSEN

TIPP

4 Web-Verzeichnis – thematisch gegliederte Sammlung von Web-Sites

Ausbildung & Beruf
Uni/FH, Schulen, Jobs, Bewerbung...

Lifestyle
Mode, Esoterik, Essen & Trinken, Erotik...

Computer & Technik
Hard-, Software, PC-Spiele, E-Technik...

Nachrichten & Medien
Wetter, TV, Zeitschriften, Zeitungen...

Finanzen & Wirtschaft
Börse, Geld, Immobilien, Steuern...

Nachschlagen
Lexika, Zitate, Wörterbücher, Tel.-Nr...

Firmen
B2B, Bauen, Kleidung, KFZ, Sex...

Reisen & Freizeit
Routenplaner, Autos, Hobbys...

Forschung & Wissenschaft
Geschichte, Psychologie, Bio, Astro...

Sport
F1, Fußball, Rad, Ski, Tennis...

Aktuell
Zum Verständnis
Die Kunst des Suchens
6 Allgemeine Suchmaschinen
Spezielle Suchdienste
Technik von Suchmaschinen
Suchmaschinen für Webmaster

Die Suchfibel

Wie findet man Informationen im Internet?

Fast 2700 Suchmaschinen - Übersichtlich sortiert und nach Stichwörtern durchsuchbar. Hier finden Sie Spezialisten, die Ihnen auch bei verzwickten Recherchen helfen.

Alles über Suchmaschinen

Die Bedienung und bessere Nutzung von Suchmaschinen wird hier ausführlich und leicht verständlich erklärt. Sie finden Informationen zur Recherche im Internet, zur Suche im World Wide Web und in anderen Diensten. Sie erfahren, welche Suchmaschinen es gibt, welche Möglichkeiten sie bieten, und wie man sie bedient. Los gehts...

5

4 … und andere, die zusätzlich noch Kataloge mit Links zu ausgesuchten Seiten anbieten.

5 Jede Suchmaschine liefert andere Treffer, ein Versuch bei einem anderen Anbieter lohnt sich immer.

6 Die beste Internetseite über Suchmaschinen und das Suchen im Netz ist die Suchfibel www.suchfibel.de.

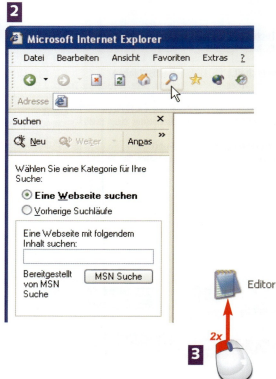

1 Das *Suchsymbol* in der Symbolleiste des Internet Explorer öffnet am linken Rand eine Randleiste, …

2 … und präsentiert darin eine Suchmaschine, standardmäßig MSN, den Microsoft-Dienst

3 Wenn Sie Ihre eigene Lieblingssuchmaschine hier einstellen wollen, starten Sie den Texteditor Notizblock.

Ihr Browser stellt ein Symbol für die Aktivierung einer Suchmaschine zur Verfügung, hat dieses aber fest mit dem Microsoft-Dienst MSN verdrahtet. Sie können das Symbol aber mit wenigen Handgriffen auf Ihre bevorzugte Suchmaschine umstellen.

WISSEN

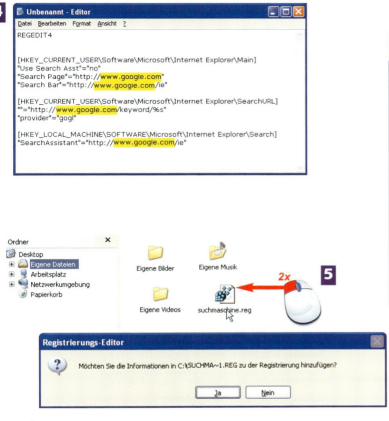

4 Schreiben Sie diesen Text, und speichern Sie die Datei unter dem Dateinamen „suchmaschine.reg"

5 Die Datei wird per Doppelklick aktiviert, bestätigen Sie die Meldung mit Klick auf *OK*, …

6 … und damit ist Ihre Suchmaschine der Suchfunktion des Internet Explorer zugewiesen.

TIPP

Der Doppelklick auf die Datei mit der Endung REG genügt, um die Einträge in die Registry zu schreiben.

FACHWORT

Registry: Die Windows-Datenbank, in der Einstellungen zum Internet Explorer gespeichert werden.

HINWEIS

Achtung! Der Eingriff in die Registry kann Ihr System beschädigen. Sichern Sie die Registry vorher, und lassen Sie diese Aktion von einem Fachmann durchführen, wenn Sie nicht sicher sind.

1

2

1 Google ist seit Jahren der „Star" unter den Suchmaschinen, unübertroffen in Schnelligkeit und Trefferzahl.

2 Die tollen Logo-Kreationen haben auch einen praktischen Hintergrund, sie leiten der Anwender auf Links zu tagesaktuellen Themen.

3 Über die erweiterte Suche können die Suchanfragen verfeinert werden, um die Zahl der Fundstellen einzugrenzen.

Die beiden Stanford-Studenten Larry Page und Sergey Brin gründeten 1998 mit der schnellsten Suchmaschine der Welt das Unternehmen, das heute zu den erfolgreichsten Internetfirmen zählt. Im August 2004 ging Google mit 1,7 Mrd. Dollar an die Börse.

WISSEN

4 Klicken Sie auf *Sprachtools*, wenn Sie Google im Bereich bestimmter Länder oder Sprachen suchen lassen wollen.

5 Hier finden Sie auch ein nützliches Übersetzungsprogramm, das viele Sprachen akzeptiert und (fast) immer richtig liegt.

6 Die Bildersuche präsentiert Links von Webseiten, auf denen Bilder im Kontext des Suchbegriffs zu finden sind.

Der Name **Google** stammt aus dem Kunstwort „Googol". So bezeichnete der amerikanische Mathematiker Edward Kasner die unvorstellbar große Zahl 10^{100}.

Noch viel mehr Infos über Google finden Sie bei Dr. Web:
http://www.drweb.de/google/index.shtml

Google ist kostenlos. Viele Firmen kaufen sich eine Lizenz der Suchmaschine für das Intranet oder die Internetseite. Damit finanziert sich Google zum großen Teil.

FACHWORT   **HINWEIS**   **HINWEIS**

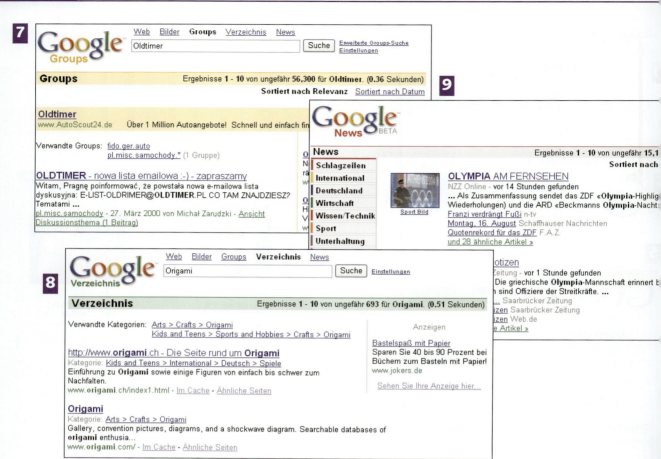

7 Newsgroups sind Diskussionsgruppen zu bestimmten Themenbereichen. *Google Groups* findet sie alle.

8 Mit dem *Verzeichnis-Dienst* durchforscht Google das Netz nach Adressen, in denen der Suchbegriff vorkommt.

9 *Google News* ist eine neue Suchfunktion, die sich auf die Suche in Presse und Online-Medien spezialisiert hat.

Google ist längst mehr als eine Suchmaschine. Ob Bilder, Beiträge in Newsgroups oder Presseartikel, Google findet einfach alles. Und die Geschichte hat noch kein Ende.

Newsgroups:
Diskussionsserver im USENET (siehe Kapitel 11).

WISSEN

FACHWORT

www.labs.google.com

10 Klicken Sie auf *Alles über Google*, wenn Sie noch mehr über diese Suchmaschine lernen wollen.

11 Google überrascht immer wieder mit Neuigkeiten wie hier mit Froogle, dem mobilen Suchdienst für Mobiltelefone mit Web.

12 Ein Blick in die *Google-Labs* lohnt sich immer, hier lesen Sie, was Google gerade austüftelt.

Unter dem Link *Werbung* verbirgt sich ein Angebot für Werbetreibende (*Google Ad-Words* und *Google AdSense*).

In den Einstellungen können Sie auch die Suche nach deutschsprachigen Seiten als Standard festlegen.

Spass mit Google? Einen Screenshot vom Original-Google und witzige Dinge rund um die schnelle Suchmaschine bietet Dr. Web: http://www.drweb.de/google/google_spass.shtml

HINWEIS   **TIPP**   **HINWEIS**

Start

1 AltaVista gehört zu den großen Suchdiensten und liefert immer viele Treffer.

2 Mit dem Familienfilter von AltaVista können Webseiten mit zweifelhaften und nicht jugendfreien Inhalten ausgefiltert werden.

3 Auch Yahoo hält seit vielen Jahren eine Spitzenposition bei den Suchmaschinen. Besonderes Merkmal: Gut sortierte Kataloge.

In der Vor-Google-Zeit waren AltaVista, Yahoo und Lycos die besten und treffsichersten Suchmaschinen, und auch heute noch bestechen sie durch Schnelligkeit und eine hohe Trefferquote.

Geben Sie für den AltaVista-Familienfilter ein Passwort ein, dann können die Einstellungen nicht ohne dieses verändert werden.

WISSEN

TIPP

4 Lycos ist ein großes Portal, das auch aktuelle News und Providerdienste anbietet.

5 T-Online-Portal bietet auf seinem Portal einen Suchdienst. Fireball ist eine neuere Suchmaschine, und bei Focus können Sie das Archiv durchstöbern.

6 Auf der Seite www.portal.de finden Sie eine Übersicht über Internet-Portale und Branchenverzeichnisse.

Der Übersetzungsdienst von AltaVista heißt BabelFish, er übersetzt in 10 Sprachen.: http://babelfish.altavista.com

Fast alle öffentlichen Portale haben mittlerweile auch integrierte Suchmaschinen (web.de, gmx.de u.v.a.).

Portal: Eine Internetseite, die neben Suchdiensten zusätzliche Angebote wie Nachrichten, Unterhaltung und Webservices präsentiert.

HINWEIS   **HINWEIS**   **FACHWORT**

1. Eine Meta-Suchmaschine beauftragt einfach andere Suchmaschinen mit der Anfrage und kommt so zu sehr vielen Treffern.

2. Wer Geschäfte macht, muss Informationen haben. Diese Suchmaschinen haben sich auf Business-Infos spezialisiert.

3. Nicht nur für Studenten nützlich: Wissenschaftliche Arbeiten und Lexika gibt es in allen Varianten im Netz.

Spezialsuchmaschinen finden, was allgemeine Suchmaschinen nicht oder nicht sofort finden. Testen Sie MetaCrawler, Branchendienste und andere Spezialisten der Internet-Recherche.

Die Suchfibel www.suchfibel.de listet viele Spezialsuchmaschinen.

WISSEN

TIPP

4 Wer Experten zu bestimmten Fachbereichen sucht, wird hier fündig.

5 Adressen, Menschen und Telefonnummern finden diese Suchdienste.

6 Diese Seiten bieten spezielle Suchdienste für Journalisten und Nachrichten an.

TIPP

Da es für Mailadressen keine zentra-
len Server gibt, ist die Suche nach
solchen nicht einfach. PeopleFinder
suchen nur in (amerikanischen)
öffentlichen Verzeichnissen, und
solche gibt es bei uns nicht.

FACHWORT

Blog: Journalistische Misch-
form zwischen Tagebuch und
Gästebuch, das mit Beiträgen
von Internet-Usern gefüllt
wird.

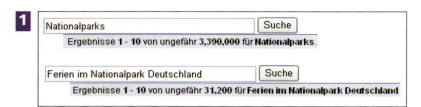

1 Wenig Sinn macht es, wenn die Suchmaschine Tausende Einträge zu einem Thema bringt. Geben Sie immer mehr als einen Begriff ein.

2 Begriffe, die zusammengehören oder Zitate tippen Sie in Anführungszeichen ein.

3 Stellen Sie ein Spezialwort vor den Suchbegriff, um gezielt nach bestimmten Adressen zu suchen.

Früher standen Internet-Surfer vor dem Problem, dass Suchmaschinen zu wenig Seiten fanden, heute ist es umgekehrt. Um die Flut der Fundstellen einzudämmen, sollten Sie ein paar Suchmaschinentricks beherrschen.

W I S S E N

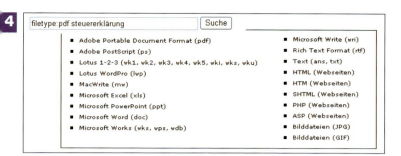

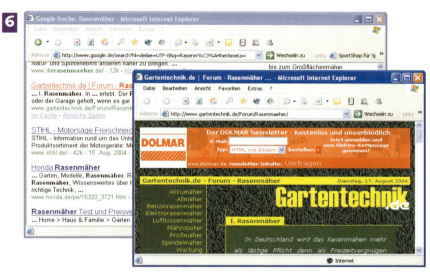

4 Mit dem Spezialwort *filetype* suchen Sie gezielt nach Dateien in einem bestimmten Dateiformat.

5 Halten Sie beim Klick auf eine Fundstelle die Umschalt-Taste gedrückt, damit die Seite in einem neuen Fenster geöffnet wird, …

6 … und Ihre Suchmaschine im Hintergrund als Fenster erhalten bleibt. So müssen Sie nicht ständig zurückblättern.

Sucht die Suchmaschine international, geben Sie immer ein deutschsprachiges Wort mit ein, wenn Sie nur deutsche Seiten zu einem internationalen Begriff haben wollen.

TIPP

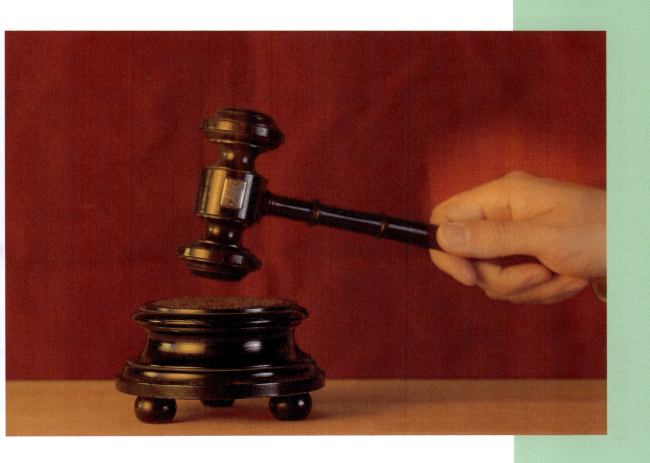

9

eBay – Bieten, Kaufen, Verkaufen

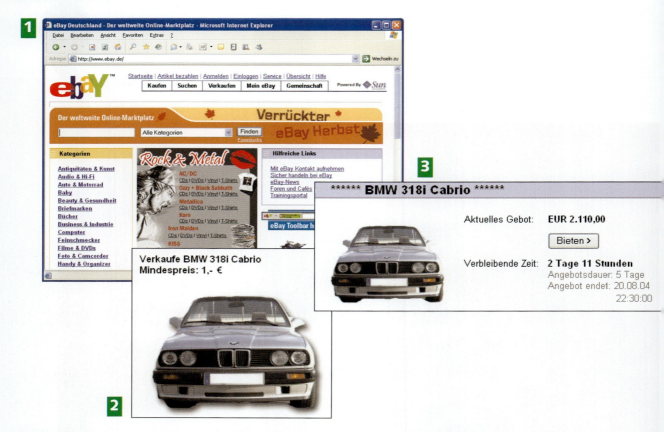

1 eBay ist ein Online-Marktplatz, d. h. ein Warenumschlagplatz im Internet.

2 In erster Linie werden bei eBay Auktionen abgewickelt. Ein Anbieter schreibt seine Ware zu einem niedrigen Einstandspreis aus, …

3 … und setzt eine Frist für die Gebote. Nach Ablauf der Frist darf der Höchstbietende die Ware zu seinem Angebotspreis kaufen.

eBay ist eine Erfolgsstory im Internet. Das virtuelle Auktionshaus hat nur ein paar Jahre gebraucht, um sich weltweit als führendes Online-Kaufhaus zu etablieren. Allein in Deutschland gibt es 12 Millionen registrierte Nutzer.

WISSEN

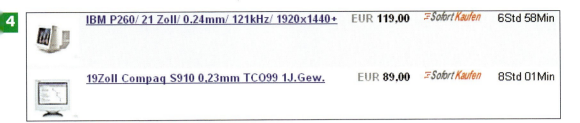

4 IBM P260/ 21 Zoll/ 0.24mm/ 121kHz/ 1920x1440+   EUR **119,00**   *Sofort Kaufen*   6Std 58Min

19Zoll Compaq S910 0,23mm TCO99 1J.Gew.   EUR **89,00**   *Sofort Kaufen*   8Std 01Min

5

6

4 Neben den Auktionen sind auch Direktverkäufe von Händlern erlaubt, die aber zeitlich begrenzt sind.

5 Verkauft wird alles vom Düsenjet bis zum Feuerzeug, neu und gebraucht.

6 Für Käufer ist eBay kostenlos, Verkäufer müssen eine geringe Gebühr pro verkauften Artikel an eBay bezahlen.

Ende

Hier entsteht eBay Konkurrenz:
www.onetwosold.de
www.azubo.de

eBay in Zahlen:
Ca. 12 Millionen Nutzer in Deutschland; Warenumsatz 2003 weltweit: 24 Milliarden $; Gewinn im 1. Quartal 2004: 30,6 Millionen $

Der teuerste Artikel, der je bei eBay verkauft wurde, war ein Flugzeug im Wert von mehreren Milliarden Dollar.

TIPP   **HINWEIS**   **HINWEIS**

Start

1 eBay

Anmeldung: Daten eingeben

① Daten eingeben   2 Bedingungen akzeptieren   3 Anmeldung bestätigen

Vorname   **Nachname**

2

Biene45   HarryP   TraumTänzer

3

Aktuelles Gebot:	**EUR 1,99**
	Bieten ›
Verbleibende Zeit:	**3 Minuten 18 Sekunden**
	Angebotsdauer: 10 Tage
	Angebot endet: 18.08.04 13:12:52 MESZ
hr Maximalgebot:	(Geben Sie mindestens **EUR 2,49** ein.
	Weiter › Die Bestätigung erfolgt im nächsten Schritt

1 Jeder Teilnehmer, ob Käufer oder Verkäufer, meldet sich bei eBay mit voller Anschrift und einer gültigen E-Mail-Adresse an.

2 Damit alle persönlichen Daten bei Auktionen anonym bleiben, erhält jeder Teilnehmer ein Pseudonym.

3 Jetzt kann verkauft, geboten und verkauft werden. eBay kontrolliert die Gebote und die Auktionsdauer.

Auktionen laufen so lange anonym, bis der Verkäufer ein Höchstgebot erhalten hat. Jede Auktion ist zeitlich begrenzt, die Dauer legt der Verkäufer fest.

W I S S E N

4 Wenn die Auktion abgewickelt und der Artikel verkauft ist, sendet eBay die E-Mail-Adressen an Verkäufer und Käufer.

5 Käufer und Verkäufer nehmen Kontakt auf und schließen den Handel ab.

6 Der Käufer kann den Verkäufer bewerten, und anhand der Bewertungen sehen andere Teilnehmer, wie zuverlässig dieser ist.

Das Bewertungsverfahren soll sicherstellen, dass sich keine schwarzen Schafe unter den Verkäufern etablieren. Selbst ein Namenswechsel wird registriert und angezeigt.

HINWEIS

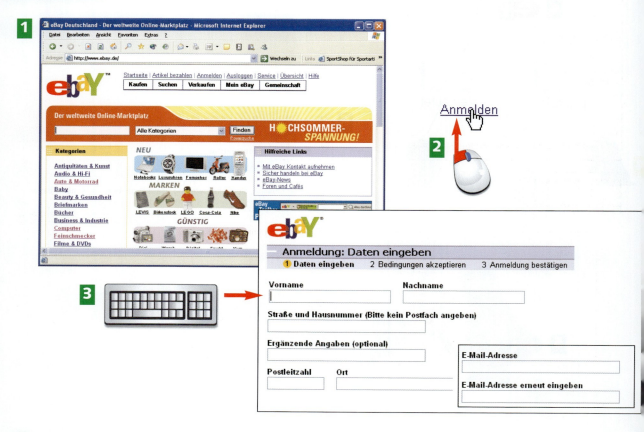

1 Der erste Schritt: Rufen Sie die Internetseite von eBay (www.ebay.de) auf.

2 Ein Klick auf den Menüpunkt *Anmelden* startet Ihre Anmeldung bei eBay.

3 Geben Sie Ihre persönlichen Daten vollständig ein. Die E-Mail-Adresse ist Pflicht, damit eBay mit Ihnen Kontakt aufnehmen kann.

Die Anmeldung bei eBay mit Bekanntgabe der vollständigen und gültigen Adressdaten ist Pflicht. Wer gleich verkaufen will, muss auch seine Kontodaten preisgeben.

WISSEN

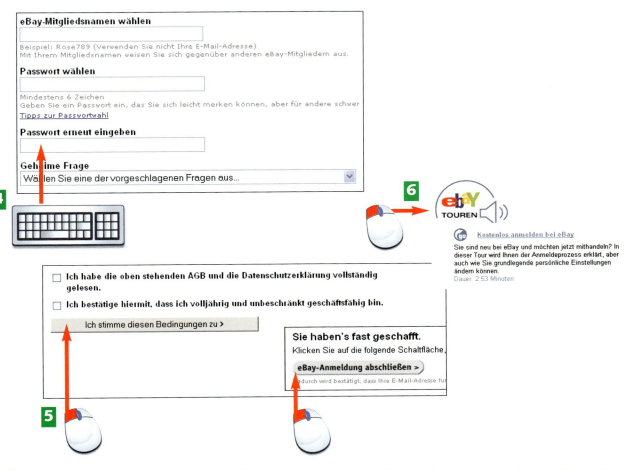

4 Mitgliedsnamen und Passwort können Sie frei wählen. Die geheime Frage ist später nützlich, wenn Sie Ihr Passwort vergessen haben.

5 Noch zwei Bestätigungen, dann ist die Anmeldung geschafft. Wenn die eMail-Adresse gültig ist, sind Sie sofort freigeschaltet.

6 Unter *Service>eBay-Trainingscenter* können Sie sich die Anmelde-prozedur auch als Audio-Tour vorspielen lassen.

Die E-Mail-Adresse wird von eBay überprüft. Wenn Sie eine FreeMail-Adresse angeben, müssen Sie eine Kreditkartennummer angeben oder auf den Registrierungsschlüssel warten, der per Post geschickt wird.

FreeMail: Maildienstanbieter, die keine Adressenangaben überprüfen.

TIPP

FACHWORT

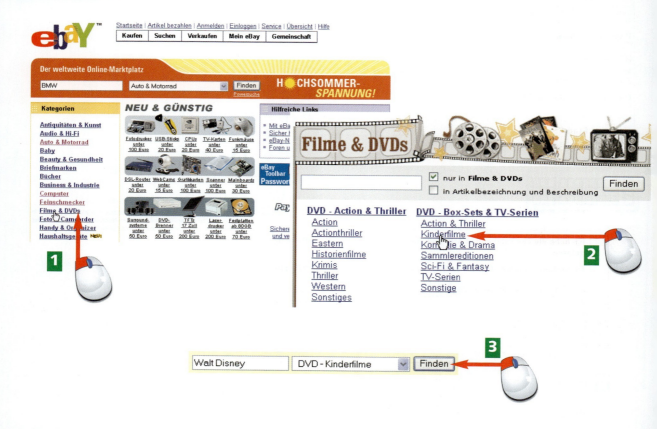

1 Die Suche nach dem gewünschten Artikel beginnt im Hauptmenü. Klicken Sie ein Angebot oder eine Kategorie an.

2 In der gewählten Unterkategorie klicken Sie wieder auf einen Eintrag und erhalten dann die Angebotsliste.

3 Schneller geht's über die Suchfunktion, tragen Sie den gewünschten Begriff ein und wählen Sie eine Kategorie.

Alle Artikel sind in Kategorien eingeordnet, was die Suche schon auf der Startseite erleichtert. Sie können aber auch direkt einen Suchbegriff eingeben und so kategorieübergreifend suchen.

WISSEN

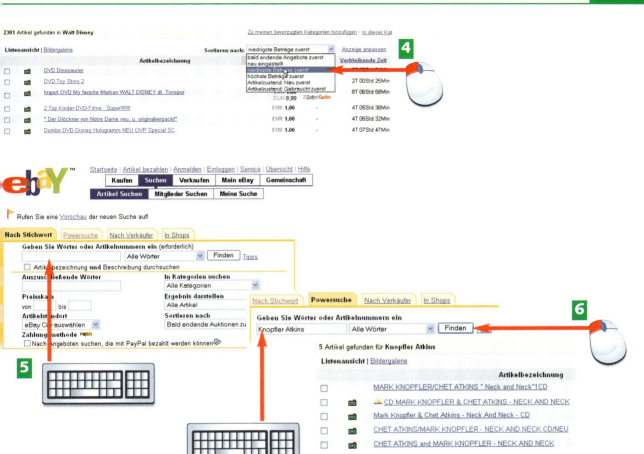

4 Die Angebotsliste können Sie nach verschiedenen Kriterien sortieren.

5 Mit der Suchfunktion im Hauptmenü lässt sich die Suche verfeinern. Geben Sie Bezeichnungen oder Artikelnummern ein.

6 Noch effektiver ist die *Powersuche*. Damit finden Sie auch Artikel, von denen Sie nur Stichwörter kennen.

Mit der Powersuche können Sie wahlweise in der Artikelbezeichnung oder in der Beschreibung suchen lassen.

Das Kamerasymbol zeigt an, dass für den Artikel ein Bild vorhanden ist.

TIPP

HINWEIS

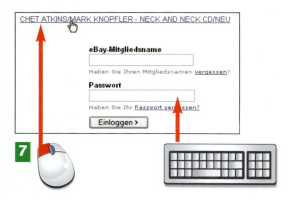

7 Haben Sie den passenden Artikel gefunden, müssen Sie sich einloggen, um an der Auktion teilnehmen zu können.

8 Sehen Sie sich die Auktionsdaten an. Die zum Bieten verbleibende Zeit wird ebenso angezeigt wie das aktuelle Höchstgebot.

9 Bevor Sie mitbieten, sollten Sie einen Blick auf den Verkäufer werfen. Die Bewertungskommentare zeigen, ob er seriös ist.

Wenn Sie an einer Auktion teilnehmen, geben Sie entweder schrittweise Gebote ab oder tragen einen Höchstbetrag ein, bis zu dem Sie gehen wollen. Das Kaufgeschäft wickeln Sie dann mit dem Anbieter direkt ab.

WISSEN

10 Auch die Informationen über Zahlung und Versand sind wichtig, überprüfen Sie, welche Zusatzkosten mit dem Kauf verbunden sind.

11 Wollen Sie mitbieten, tragen Sie Ihr Höchstgebot in das Angebotsfeld ein. eBay steigert für Sie automatisch in der angegebenen Schrittweite.

12 Sind Sie zum Auktionsende der Höchstbietende, schickt Ihnen eBay die Mailadresse des Verkäufers.

TIPP

Hier ein nützlicher Artikel aus www.chip.de:

Tipps und Tricks mit eBay:
http://www.chip.de/artikel/c_artikel_10670710.html

HINWEIS

In der Regel beginnt die „Bieterschlacht" erst unmittelbar vor Auktionsende. Unerfahrene Bieter werden meist in letzter Sekunde überboten.

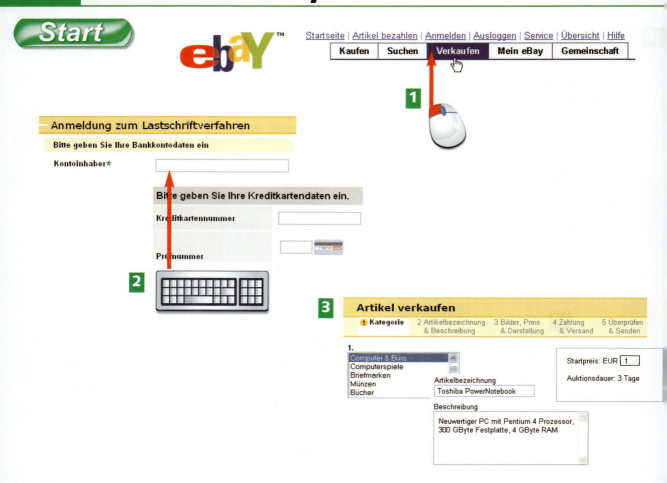

1 Sie wollen einen Artikel verkaufen? Melden Sie sich an, und klicken Sie im Menü auf *Verkaufen*.

2 Zuerst müssen Sie eBay mitteilen, wie Sie Ihre Gebühren bezahlen möchten.

3 Geben Sie eine möglichst genaue Beschreibung des Artikels sowie die Kategorie ein und wählen Sie Startpreis und Auktionsdaten.

eBay-Verkäufer gliedern sich in zwei Kategorien: Privatpersonen, die unregelmäßig Artikel verkaufen und Gewerbetreibende, die oft vom eBay-Handel leben. eBay unterstützt beide Gruppen mit Tipps und Ratschlägen, Software und Spezialangeboten für „PowerSeller".

WISSEN

4 Besonders wichtig: das Bild zum Artikel. Sie können mehrere Bilder einstellen, ein Bildservice hilft Ihnen dabei.

5 Geben Sie noch Zahlungsmethoden, Lieferkosten und Lieferbedingungen ein, und schon kann die Auktion beginnen.

6 Eine ausführliche Beschreibung zum Verkaufen bei eBay finden Sie unter *Service<eBay Trainingscenter* in einer Audio-Tour.

PowerSeller: Ein Verkäufer, der sehr viele Artikel verkauft hat und überdurchschnittlich gut bewertet wurde.

eBay sichert Verkäufe mit großen Geldbeträgen auf Wunsch und gegen eine Gebühr mit dem Treuhandservice ab. Eingezahlt wird auf ein Treuhandkonto, das Geld fließt erst, wenn die Ware da ist.

FACHWORT

HINWEIS

Start

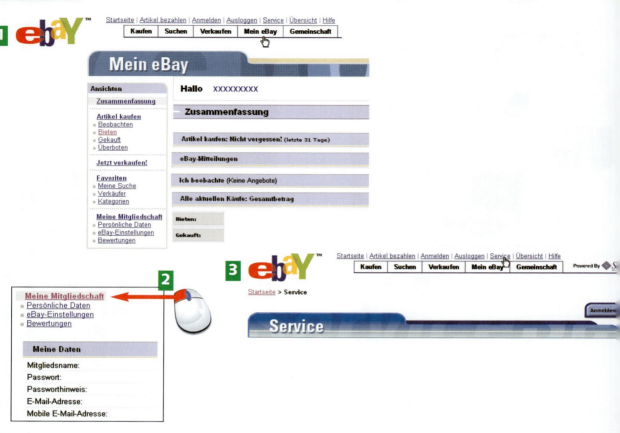

1 *Mein eBay* ist ihr persönliches Portal. Hier finden Sie alle Daten und alle Aktivitäten übersichtlich zusammengefasst.

2 Unter *Meine Mitgliedschaft* können Sie Ihre Anmeldedaten überprüfen und ändern.

3 Der eBay-Service bietet Hilfreiches vom Trainingscenter bis zu spezieller Verkaufs- und Kaufsoftware (Agenten).

Nutzen Sie das reichhaltige Angebot an Serviceleistungen bei eBay, um sicher zu bieten, zu kaufen und zu verkaufen. Mit „Mein eBay" steht Ihnen ein persönliches Portfolio zur Verfügung.

WISSEN

4 Im Sicherheitsportal finden Sie alles, was zur Sicherheit Ihrer Transaktionen beiträgt.

5 Die Hilfefunktion erklärt bis ins Detail, wie Sie kaufen, verkaufen, bieten und Verkäufe abwickeln.

6 In der eBay-Gemeinschaft diskutieren „eBayer" und erzählen ihre Geschichten. Und im Fan-Shop können Sie sich mit eBay einkleiden.

In den Serviceseiten finden Sie kostenlose Software für Verkäufer wie den TurboLister und einen Verkaufsmanager.

TIPP

Geschäfte im Internet

Start

1 Geldgeschäfte erledigen Sie mittels Homebanking schnell und problemlos an Ihrem PC über das Internet.

2 T-Online bietet kostenlose Software für den Zugang, auch bei MSN finden Sie Home-banking-Software.

3 Viele Banken bieten diesen Service für Kunden auf ihrer Homepage an.

Mit neuen Techniken im Internet ist auch die Sicherheit der Datenübertragung besser geworden. Homebanking mit HBCI ist ein sicherer Standard, der von allen Geldinstituten unterstützt wird.

WISSEN

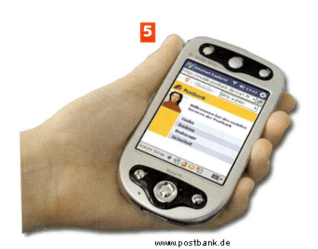

www.postbank.de

www.homebanking-hilfe.de
Eine private Initiative zum Thema Online-Banking

? FAQ Suchen Mitgliederliste Benutzergruppen Registrieren Chat
Profil Einloggen, um private Nachrichten zu lesen Login

Portal Index

4 Das ältere PIN-TAN-Verfahren wird durch HBCI abgelöst, dazu brauchen Sie ein Karten-lesegerät und eine Chipkarte von der Bank.

5 Mobile Banking mit dem PDA (Organizer) oder über Mobiltelefon ist einfach und sicher, Sie brauchen nur die passende Software.

6 Auf dieser Internetseite finden Sie viele Informationen und Ratschläge zum Thema Homebanking.

TIPP

Loggen Sie sich niemals von einem fremden Computer (z. B. Internet-Café) in Ihre Bank ein.

FACHWORT

HBCI: Home Banking Computer Interface. Software für den Datenverkehr mit der Bank über sichere Leitungen.

Start

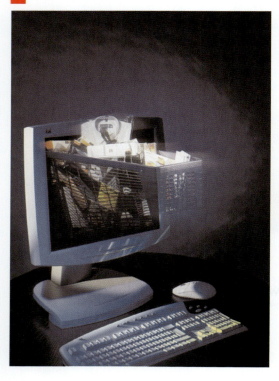

1 Beim Internet-Shopping brauchen Sie keine Tüten zu schleppen. Aussuchen, bestellen, bezahlen - alles bequem am PC.

2 Die großen Versandhäuser sind längst mit ihrem kompletten Katalogangebot online.

3 Aber auch die kleinen und regionalen Anbieter profitieren vom Online-Shopping-Boom, wie zum Beispiel der Pizza-Service.

WISSEN

Mit einem Volumen von 3,6 Mrd. Euro hat sich der Umsatz im E-Commerce 2003 verdreifacht. Online-Shopping ist bequem, schnell und sicher geworden, immer mehr Internet-Surfer nutzen die Möglichkeit, per Computer einzukaufen.

FACHWORT

E-Commerce:
Vermarktung und Handel mit Waren und Dienstleitungen über elektronische Medien.

4

6

DVD- Heimkino Komplettanlage, Daewoo, DHC-XD350

5

4 Es ist nicht einfach, die riesige Auswahl nach guten Angeboten zu durchsuchen. Shopping-Suchmaschinen und Einkaufsführer helfen dabei.

5 Preisagenturen haben sich darauf spezialisiert, Preise bei verschiedenen Anbietern zu vergleichen.

6 Den besten Preis erzielen Sie beim PowerShopping: Je mehr Käufer sich zusammentun, desto billiger wird der Artikel.

Shoppen Sie nur bei Händlern, die ihre volle Adresse angeben und mit sicherer Datenübertragung arbeiten (https//:). Bezahlen Sie möglichst nur per Rechnung und achten Sie auf versteckte Kosten für die Lieferung.

Seit dem 1. Juli 2000 gilt nach dem Fernabsatzgesetz: Über das Internet bestellte Ware kann innerhalb von zwei Wochen nach Erhalt ohne Angabe von Gründen an den Verkäufer zurückgeschickt werden.

TIPP

TIPP

Start

1 bol.de
einfach rund!
Bücher · Taschen-bücher · Fach-bücher · e-books · Musik · Film
Gewinnspiel Stars in Concert · Das BOL Buch der Woche · Die

Bücher

Die Olympischen Spiele
Edwin Klein, mehrfacher Deutscher
Meister im Hammerwerf
zweimal Olympiateilne
anschaulich und fessel
Geschichte der Olympis
Altertum bis heute ein
Hier finden Sie alles ru
2004!

DVD

Troja
Leidenschaft bestimmt alle
folgenschweren Ereignisse in TROJ
jener epischen Chronik der Triump
Tragödien im legendären trojanisch
Krieg.
**Jetzt zum absoluten Knaller-Preis
vorbestellen!**

Geben Sie Ihren Namen und Ihre E-Mail-Adresse ein
Mein Name ist:
Meine E-Mail Adresse ist:

Sichern Sie Ihre Information mit einem Passwort
Geben Sie ein Passwort ein:
Bitte noch einmal wiederholen:

amazon.de

2 Neu:
SPIEL-WAREN
Beta (Was bedeutet das?)

HOME · MEIN SHOP · BÜCHER · ENGLISH BOOKS · ELEKTRONIK & FOTO · MUSIK · DVD
INTERNATIONAL · ▶ GUTSCHEINE · ▶

3

Amazon.de Start-Gutschein - Micros...
amazon.de
€5
start-gut schein
Neu bei Amazon.de?
Melden Sie sich hier an und Sie bekommen
einen 5-EUR-Start-Gutschein!
Zur Anmeldung
schließen

1 Die umsatzstärksten Internet-Shops betreiben die Buchhändler (hier www.bol.de), die
längst nicht nur Bücher liefern.

2 Bei Amazon www.amazon.de werden Sie gleich beim ersten Besuch mit einem Gutschein
belohnt, vorausgesetzt, Sie melden sich an.

3 Zur Registrierung müssen Sie Name, Adresse und ein Passwort eingeben, alle Angaben
werden überprüft.

Der Handel mit Büchern, CDs und DVD hat sich weitgehend ins
Internet verlagert. Mit BOL und Amazon teilen sich zwei Firmen
diesen Riesenmarkt.

WISSEN

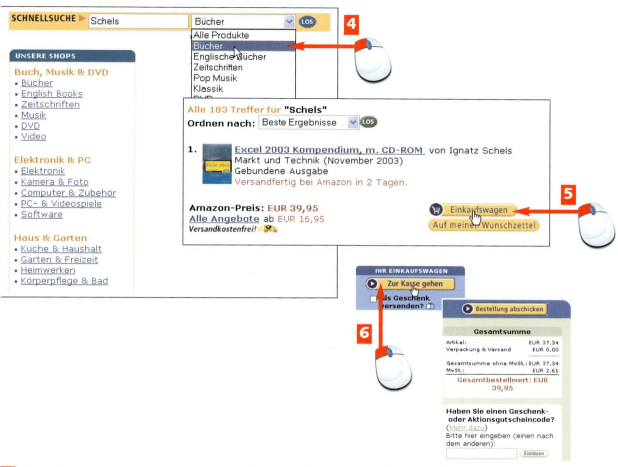

4 Jetzt können Sie das riesige Angebot durchstöbern oder gezielt nach Büchern Ihres Lieblingsautors suchen.

5 Haben Sie gefunden, wonach Sie suchten, schicken Sie den Artikel in den Einkaufswagen.

6 An der Kasse bestimmen Sie schließlich die Zahlungsart, und hier dürfen Sie auch Ihren Gutschein einlösen.

Ende

Bei Amazon bezahlen Sie mit Ihrem guten Namen gegen Rechnung (Neukunden: max. 100 €). Bankeinzug oder Kreditkartenkauf sind natürlich möglich.

Amazon macht einen Jahresumsatz von ca. 6,5 Milliarden Dollar.

HINWEIS   **TIPP**

1

2

3

1 Die großen Internet-Provider bieten ihren Kunden Shop-Angebote für jede Größen-ordnung.

2 Bei MicroShop www.microshop.de können Sie sich auch einen Online-Shop mieten.

3 Auf den Seiten von www.preisauskunft.de können Shops nicht nur angesehen, sondern auch von Privat eingerichtet werden.

Wollen Sie selbst teilhaben am großen E-Business? Fangen Sie mit einem Internet-Shop an, die Software dafür gibt es für wenig Geld beim Provider. Mit etwas Glück sind Sie bald Umsatzmillionär im Internet.

WISSEN

4 Die ganze Welt des Einkaufens im Internet

ShopLand ®

Ihr Shopping Center im Internet
>preiswert >zuverlässig >kompetent

5 Sie wollen mehr Kunden? Umsatz? Reichweite?

Dann entdecken Sie E-Commerce mit Shopland Internet Shops!

jetzt
schon ab
€ 14,90
im Monat

Gratis testen

6

Willkommen im Online-Shop
für Wildspezialitäten aus landw. Gehegen

Extensive Tierhaltung und naturgemäße Fütterung garantieren ein Qualitätsprodukt.

Kochsalami bis 10.01.2004 wieder verfügbar!!

4 Im Shopland www.shopland.de finden Sie ein kostengünstiges Angebot für Online-Shops.

5 Der Shop kann testweise eingerichtet werden, Shopland unterstützt dabei mit Gestaltungs- und Einrichtungswerkzeugen.

6 Schon nach kurzer Zeit haben Sie Ihren eigenen Shop und können mitmachen im großen E-Commerce-Zirkus.

Ende

Achten Sie beim Betreiben von Shops auf Rechtssicherheit. Die Konkurrenz versteht keinen Spaß bei unlauterem Wettbewerb.

TIPP

E-Mail –
die elektronische Post

Start

hans.mustermann @ t-online.de

1 Die bewegte Geschichte der Post hat vor etwas mehr als 20 Jahren eine ganz neue Dimension erhalten.

2 E-Mail (Electronic Mail) ist die Nachricht von Computer zu Computer. Das @-Zeichen wurde zum Symbol der neuen Technik.

3 Das Prinzip: Sie „mieten" Speicherplatz für Ihre Mails bei einem Provider. Dieser teilt Ihnen eine Mailadresse zu.

E-Mail ist die meistverbreitete Kommunikationsform der Menschheit. Die elektronische Post hat sich mit dem Internet weiterentwickelt und ist heute so selbstverständlich wie vor wenigen Jahren noch der Brief auf Papier.

WISSEN

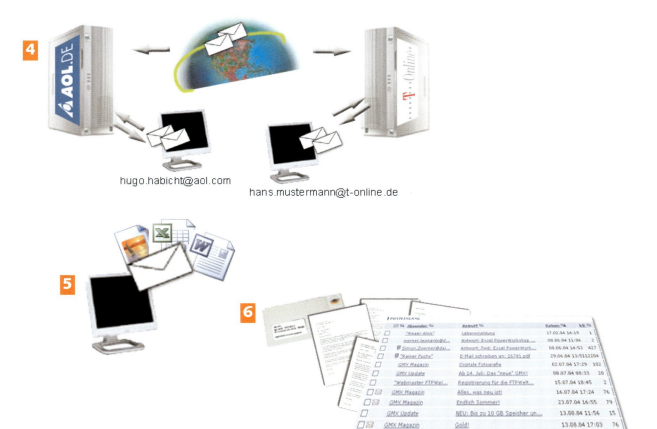

hugo.habicht@aol.com

hans.mustermann@t-online.de

4 Die elektronische Post wird von Server zu Server geschickt, die Anwender holen ihre Post vom Mailordner auf dem Server ab.

5 Jeder Mailversender kann Bilder, Textdokumente, Datenbanken und andere Dateien an seine Post anhängen.

6 Die elektronische Post ist natürlich schneller als der Brief, aber die tägliche Anzahl Mails ist umso größer geworden.

Das @-Zeichen bedeutet „bei". Die Adresse hans.mustermann@knax.de ist also zu lesen: H. Mustermann bei der Firma Knax in Deutschland.

Die erste E-Mail von Ray Tomlinson im Jahr 1972 enthielt die Buchstaben der ersten Reihe der amerikanischen Computertastatur: „QWERTYUIOP".

HINWEIS

HINWEIS

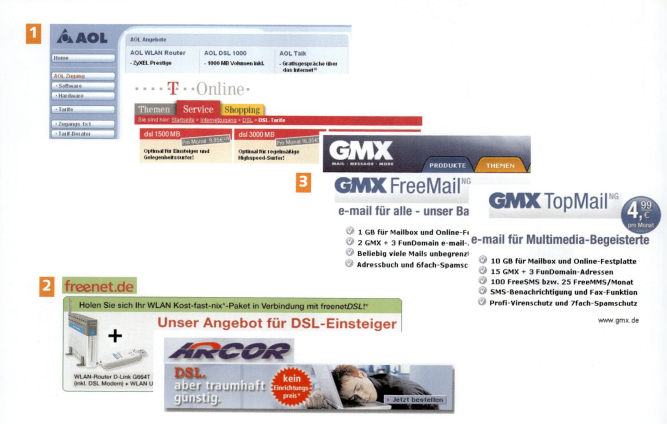

1 Ein Internetzugang muss immer vorhanden sein, um Maildienste zu nutzen. Online-Provider bieten jedoch mehr als nur Mailzugänge.

2 Auch die Hardware (Modem, ISDN, DSL) kann im Zugangspaket bestellt werden.

3 Das Angebot der FreeMailer reicht von kostenlosen Mailkonten bis zum Mailservice mit Zusatzfunktionen gegen monatliche Gebühren.

Jeder Provider, der Webservices anbietet, stellt seinen Kunden im Domänenpaket oder bei der Anmeldung zum Online-Dienst zahlreiche E-Mail-Adressen zur Verfügung. Mehr Komfort bieten die zahlreichen FreeMailer.

WISSEN

4 Die meisten Anbieter fordern eine Registrierung und überprüfen auch die angegebene Adresse.

5 Die Software zum Schreiben, Empfangen und Verwalten von Mails gibt es in der Regel dazu.

6 FreeMail-Service kann aber auch über Webmail abgerufen werden und ist so mit Computern auf der ganzen Welt nutzbar.

Beschränken Sie sich auf eine oder einige wenige Mailadressen, auch wenn Ihr Provider Hunderte davon zulässt.

E-Mail-Software kann immer so konfiguriert werden, dass die elektronische Post von mehreren Servern oder Adressen abgeholt werden kann.

TIPP

HINWEIS

Start

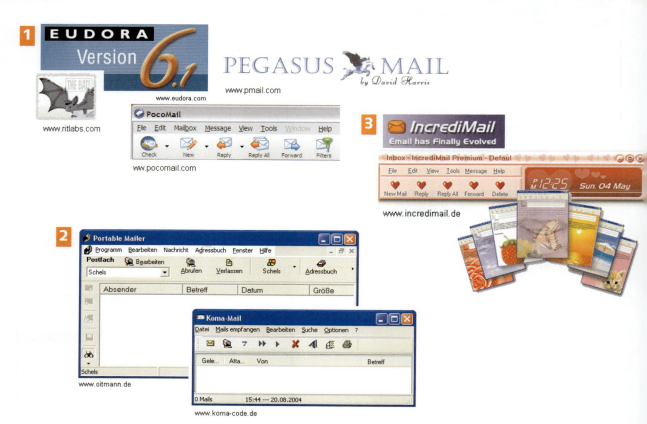

1 Im Internet finden Sie zahlreiche E-Mail-Programme als Alternativen zu den Mail-Clients der Provider.

2 Für den mobilen Einsatz nützlich sind „schlanke" Mailprogramme wie *Portable Mailer* oder *Koma Mail*.

3 Mit *IncrediMail* bringen Sie Spaß-Effekte, Sprachausgabe und Multimedia in Ihre E-Mails.

E-Mail-Software gibt es in vielen Varianten, viele der guten Programme sind leider nur in Englisch erhältlich. Outlook dominiert den Markt, in Unternehmen wird häufig als Alternative Lotus Notes eingesetzt.

WISSEN

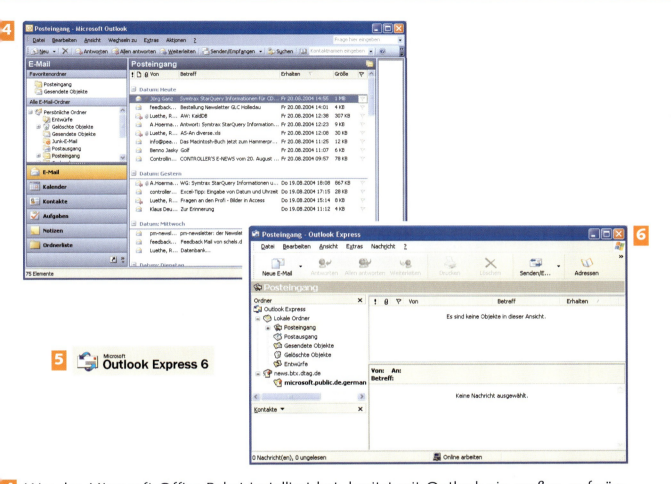

4 Wer das Microsoft Office Paket installiert hat, besitzt mit Outlook ein großes, aufwändiges Mailprogramm mit vielen Funktionen.

5 Outlook Express ist die „abgespeckte" Version, sie ist in Windows XP bereits enthalten.

6 Outlook Express hat die wichtigsten Mail-Funktionen, keinen Kalender- und Aufgabenbereich, dafür aber einen NewsReader.

Ende

Die Programmdatei des Portable Mailer passt auf eine einzige Diskette.

Farbige Hintergründe, Bilder, Gimmicks und Animationen in E-Mails sind nicht jedermanns Geschmack. Häufig lassen die E-Mail-Server solche Mails nicht durch.

TIPP

HINWEIS

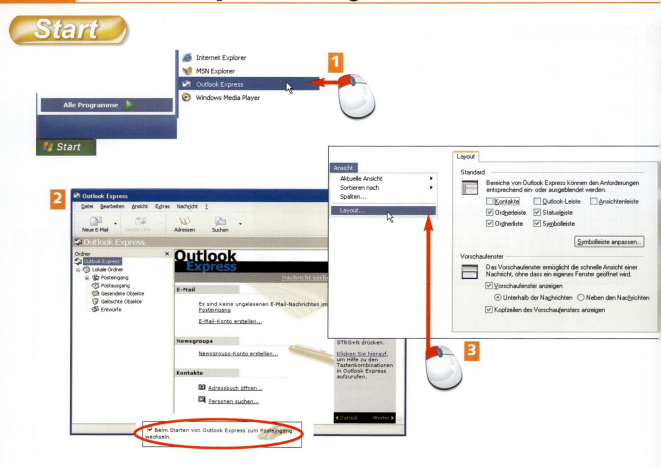

1 Starten Sie Outlook Express aus dem *Start*-Menü von Windows.

2 Der Willkommen-Bildschirm erscheint, stellen Sie das Fenster gleich so ein, dass Sie im Posteingang arbeiten können.

3 Das *Ansicht*-Menü bietet nützliche Layout-Einstellungen, richten Sie Ihr Mailprogramm nach eigenen Wünschen ein.

Mit Outlook Express haben Windows-Anwender bereits ein leistungsfähiges Mailprogramm, das mit wenigen Handgriffen konfiguriert ist.

WISSEN

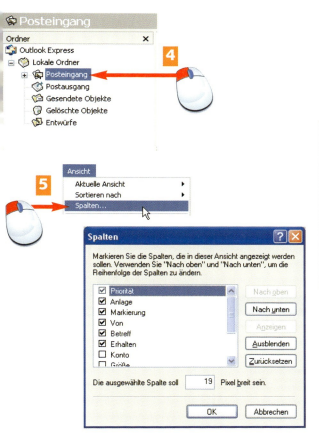

4 In dieser Leiste finden Sie die einzelnen Mailordner. Ein Klick genügt, und der Ordner-inhalt wird rechts im Fenster angezeigt.

5 Die Mails werden zeilenweise in einer Liste angezeigt, hier definieren Sie, welche Spalten Sie sehen wollen.

6 Wichtig ist auch die passende Schriftart, die Einstellung gilt für die Anzeige erhaltener Mails und für neue Mails.

TIPP

Wenn Outlook Express nicht im Startmenü zu finden ist, wählen Sie *Start>Ausführen* und geben *MSIMN.EXE* ein.

TIPP

Sie können jederzeit neue Ord-ner hinzufügen und so Archive für Ihre Mails erstellen. Nennen Sie beispielsweise einen Ordner „Wiedervorlage".

Start

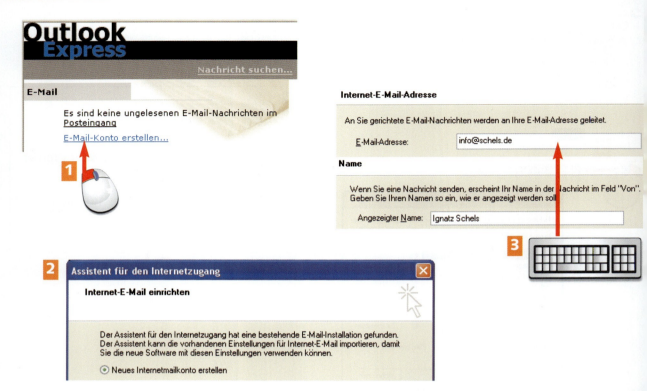

1 Bevor Sie ihre ersten Mails schreiben, müssen Sie ein Konto bei Ihrem Provider einrichten.

2 Ein Assistent startet, er führt sie durch die Einrichtung eines neuen Kontos.

3 Geben Sie Ihre Mail-Adresse und einen Namen an, den der Empfänger Ihrer Nachricht sehen soll.

Ein Mail-Konto ist Pflicht für den E-Mail-Verkehr. Damit geben Sie an, von welchem Server die Mails geholt und über welchen sie verschickt werden. Die Zugangsdaten schickt Ihnen Ihr Provider bei der Anmeldung des Internetzugangs.

WISSEN

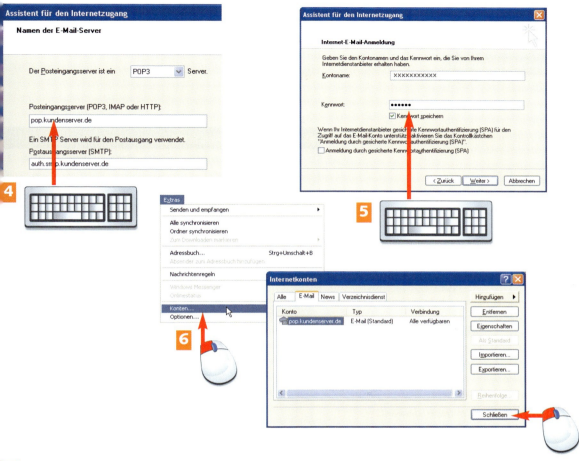

4 Im nächsten Schritt tragen Sie die Adresse des Servers für Posteingang und -ausgang ein.

5 Nun fehlen nur noch der Kontoname und das Kennwort, beides haben Sie von Ihrem Provider erhalten.

6 Nach der Einrichtung können Sie das Konto über das *Extras*-Menü einsehen und ändern oder weitere Konten anlegen.

Posteingansserver und Post-ausgangsserver haben immer unterschiedliche Bezeichnungen.

SMTP: Simple Mail Transfer Protocol, Regeln für die Datenübertragung bei E-Mails.

Wenn der Server „Sichere Authentifizierung" fordert, müssen Sie die entsprechende Option markieren. Probieren Sie es einfach zunächst ohne, die meisten Server lassen die Option nicht zu.

HINWEIS   **FACHWORT**   **HINWEIS**

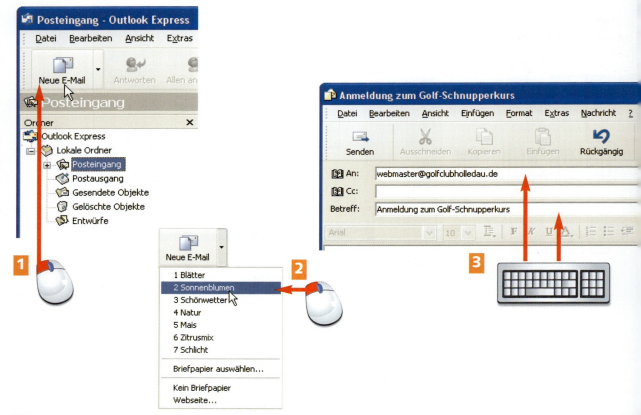

1 Schreiben Sie Ihre erste E-Mail. Ein Klick auf das *Neue-E-Mail*-Symbol links oben, und Sie können loslegen.

2 Wenn Sie Ihre Mail noch mit einem netten Hintergrund verzieren wollen, klicken Sie auf den Pfeil neben dem Symbol.

3 Tragen Sie in die „*An:*"-Zeile die Mailadresse des Empfängers ein, und unter *Betreff* eine kurze Beschreibung Ihres Anliegens.

Für Ihre erste E-Mail stellt Ihnen Outlook Express ein Nachrichtenfenster zur Verfügung, in das Sie Empfängeradresse, Betreff und Text eingeben.

WISSEN

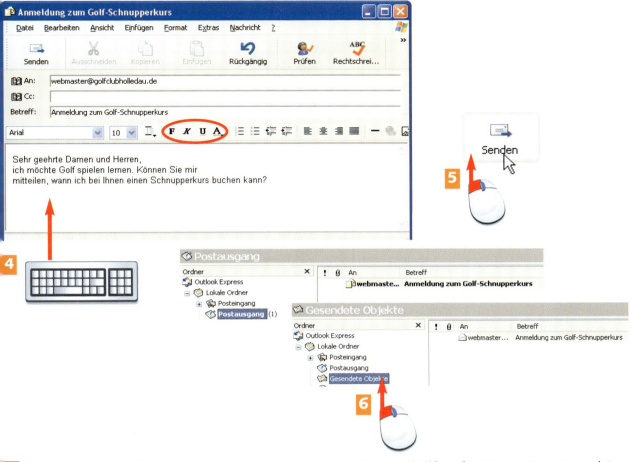

4 Die Nachricht selbst verfassen Sie in der unteren Fensterhälfte, für Formatierungen können Sie die Symbolleiste darüber benutzen.

5 Wenn die Nachricht vollständig ist, kontrollieren Sie sie nochmal auf Tippfehler und klicken dann auf *Senden*.

6 Die Nachricht wird zunächst in den Postausgang gestellt und von da versendet. Anschließend steht sie im Ordner *Gesendete Objekte*.

Wenn die Mail im Postausgang „hängenbleibt", kommt keine Verbindung zustande. Ist die Verbindung hergestellt, werden die Mails automatisch aus dem Postausgang verschickt.

Sie können Mails einfach zwischen den Ordnern verschieben, ziehen Sie dazu die Einträge mit gedrückter Maustaste auf den Ordner. So holen Sie beispielsweise eine gelöschte Mail in den Posteingang, um sie erneut zu versenden.

HINWEIS

TIPP

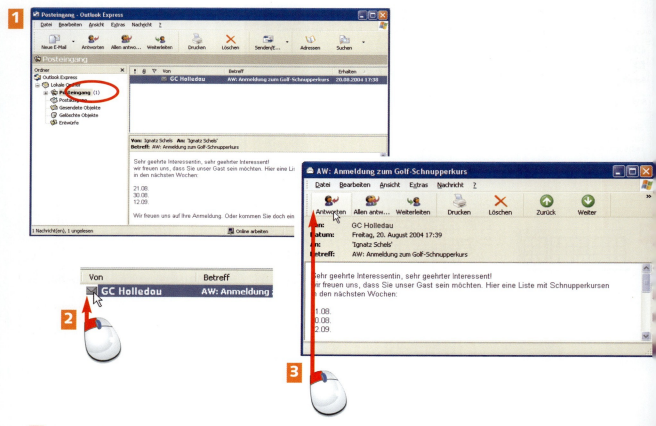

1 Die Zahl am Posteingang-Ordner zeigt: Es ist eine Nachricht angekommen. Die *Auto-Vorschau* zeigt auch gleich den Inhalt an.

2 Sie können die Nachricht auch in einem neuen Fenster öffnen, klicken Sie den Eintrag dazu doppelt an.

3 Ein Klick auf Antworten öffnet ein neues Mailfenster, der Absender wird automatisch zum Empfänger.

Der Maildienst mit Outlook Express ist eröffnet, d. h. neue Mails werden automatisch vom Server abgeholt, wenn Sie das Programm starten. Schon bald werden Ihre Postfächer randvoll mit Mails sein.

CC: carbon copy
BCC: blind carbon copy

WISSEN   **FACHWORT**

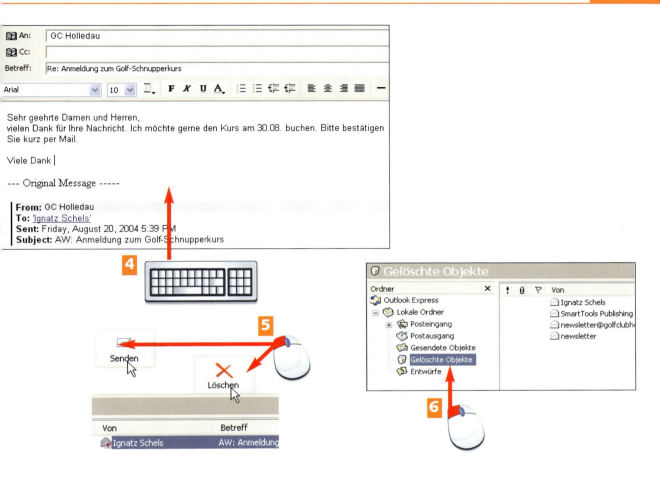

4 Tragen Sie Ihren Nachrichtentext ein. Die ursprüngliche Nachricht bleibt als Anhang stehen, damit der Empfänger weiß, worauf Sie antworten.

5 Ein Klick auf Senden, und die Antwort wird übermittelt. Wenn Sie den Eintrag nicht mehr brauchen, löschen Sie ihn.

6 Die Nachricht wird noch nicht endgültig gelöscht, sondern in den Ordner *Gelöschte Objekte* verschoben.

Sichern Sie die Mailadresse des Absenders per Klick auf das „An:"-Symbol in Ihre Adressen-Datenbank. In neuen Mails können Sie damit Adressen aus der Datenbank abholen.

Mit dem *Adressen*-Symbol verwalten Sie Ihre Kontakte. Geben Sie die Namen und persönlichen Daten ein und fügen Sie die E-Mail-Adressen an.

In die CC-Zeile geben Sie Adressen ein, die eine Kopie der Nachricht erhalten sollen. BCC-Bereich: Adressen erhalten Kopie, ohne dass der Empfänger es weiß.

TIPP   **HINWEIS**   **TIPP**

Start

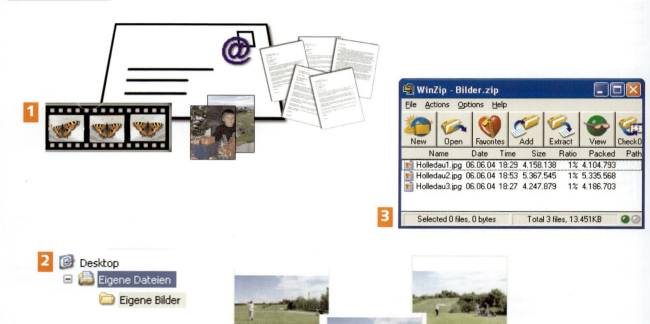

1 Das Versenden von Bildern, Videodateien oder digitalen Dokumenten per Mail ist einfach und sicher.

2 Speichern Sie das Material (zum Beispiel Bilder von der Digitalkamera) in einem Ordner Ihrer Festplatte.

3 Große Dateien sollten immer in Archive gepackt werden, damit das Versenden nicht langwierig und evtl. teuer wird.

Versenden Sie Bilder, Fotos, Videos, Texte, Tabellen und andere Dateien als Mail-Anhänge. Sie können so viele Dateien an Ihre Mails anhängen, wie Sie wollen.

WISSEN

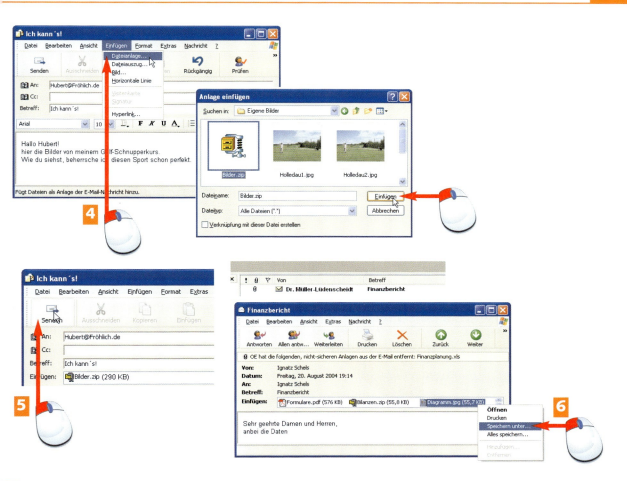

4 Fügen Sie die Datei(en) über das *Einfügen*-Menü in eine neue Nachricht ein, …

5 … und schicken Sie die Nachricht zusammen mit den angefügten Daten als Mail an den Empfänger.

6 Wenn Sie eine Mail mit Anlagen erhalten, öffnen Sie die Mail und speichern die angehängten Dateien über das *Kontextmenü* ab.

Achten Sie auf die Dateigröße von Mailanhängen. Riesige Fotodateien im JPEG-Format sollten Sie besser mit ZIP oder über komprimierte Ordner in Archive packen.

ZIP: Dateiendung für Archive, die mit WinZIP oder unter Windows als komprimierte Ordner erstellt wurden.

Wenn Sie Mails löschen, werden diese zusammen mit den Anhängen im Ordner *Gelöschte Objekte* archiviert. Löschen Sie größere Anhänge, um Speicherplatz zu sparen.

TIPP   **FACHWORT**   **TIPP**

1 E-Mails und besonders Mailanhänge sind eine potenzielle Gefahr für Sie und alle Computer, mit denen Sie Nachrichten austauschen.

2 Ein aktuelles Antivirusprogramm für Windows ist ebenso Pflicht wie eine Firewall.

3 Ein (fast) sicherer Schutz: Öffnen oder speichern Sie niemals Anlagen von unbekannten Absendern.

Vorsicht bei Mail-Anhängen! Öffnen Sie niemals unbekannte Anhänge mit Dateiendungen, die auf ausführbare Programme schließen lassen (siehe dazu auch Kapitel 4: Viren, Würmer und Hacker).

WISSEN

www.antispam.de

http://windowsupdate.microsoft.com

Sicherheits-Portal

www.microsoft.com/germany/ms/security/windowsxp.mspx

4 Spam – unerwünschte Werbe-Mail – kann ziemlich lästig werden. Hier finden Sie Infos und Hilfe.

5 Viele E-Mail-Programme sind bereits mit Anti-Spam- bzw. Junkmail-Filtern ausgerüstet.

6 Wenn Sie mit E-Mail-Software von Microsoft arbeiten, sind regelmäßige Sicherheitsupdates für Windows Pflicht.

Das hilft gegen Spam: Geben Sie Ihre E-Mail-Adresse nur an, wenn es unbedingt nötig ist. Machen Sie die Adresse nicht auf Internetseiten oder in Diskussionsforen publik.

Antworten Sie niemals auf Spam-Mails. Damit teilen Sie dem Versender mit, dass Ihre Adresse ok ist, und Beschwerden helfen sowieso nichts.

Spam bzw. **Junkmail:** Kunstwort für unerwünschte Massen-E-Mails mit Werbung.

TIPP   **TIPP**   **FACHWORT**

Freunde treffen im Internet

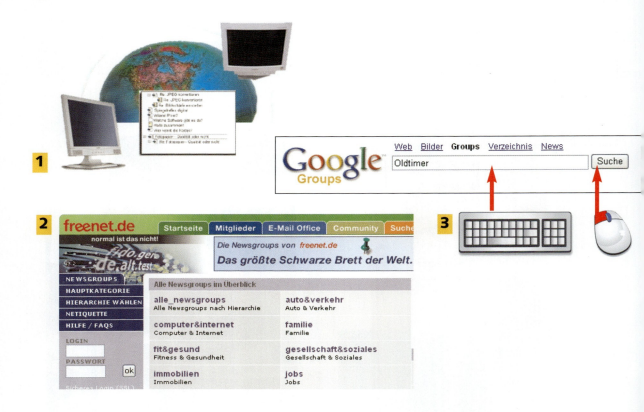

1 Im USENET, dem größten Servernetz im Internet, gibt es Tausende von Newsgroups zu allen möglichen Themen.

2 Viele Online-Dienste und Portale bieten auch direkten Zugriff auf Newsgroups an, hier z. B. Freenet.

3 Über die Suchmaschine Google können ebenfalls Newsgroups anvisiert werden.

Im Netz der Netze ist niemand alleine. Das Internet bietet jedem die Möglichkeit, mit Freunden und Fremden zu plaudern, sich über interessante Themen zu unterhalten oder neue Leute kennen zu lernen und sich zu verabreden.

WISSEN

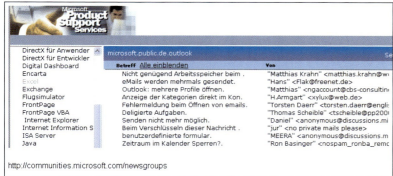

http://communities.microsoft.com/newsgroups

www.findolin.de

www.surfino.com

www.newzbot.com

4 Microsoft setzt ebenfalls auf den Support und die gegenseitige Hilfe der Anwender und bietet Zugriff auf Newsgroups.

5 Newsserver-Suchmaschinen wie Findolin durchforschen das Netz nach Servern.

6 Hier finden Sie eine Liste mit allen Newsservern, die öffentlich zugänglich sind.

NNTP: Net News Transfer Protocol Protokoll, dient zur Übertragung von Netzwerk-Nachrichten.

Achten Sie auf die ersten Buchstaben der Newsgroup:
alt = (alternative) alles Mögliche;
comp = Computer; de = Deutsch;
org = Organisation;
rec = (recreation) Freizeit, Hobbies.

Bis vor kurzem waren Newsgroups nur über NewsReader zugänglich, jetzt können sie auch über Browserseiten abgerufen werden.

FACHWORT **TIPP** **HINWEIS**

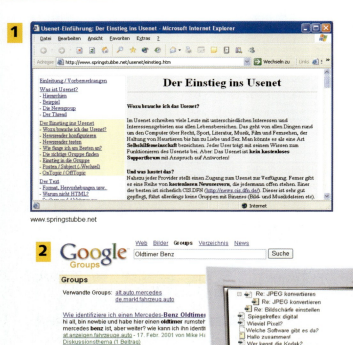

www.springstubbe.net

www.newuserinfo.org

1 Vor dem ersten Ausflug in Newsgroups sollten Sie das Usenet kennenlernen. Hier eine sehr informative Seite dazu.

2 Um Newsgroups auf Webseiten zu lesen, brauchen Sie keine Software. Nur wer aktiv mitdiskutieren möchte, braucht einen NewsReader.

3 Es gibt NewsReader von einfach bis hochentwickelt. Eine gute Übersicht bietet diese Seite.

Das USENET hat seine eigenen Regeln und Etikette-Vorschriften, die auch nötig sind, damit sich so viele Menschen auf einem ertragbaren Level unterhalten können. Lesen Sie sich in diese Regeln ein, bevor Sie im USENET mitmachen.

WISSEN

4

Netiquette in NetNews

netplanet

In NetNews und insbesondere im Usenet haben sich schon sehr früh die ersten Netiquette-Regeln eingebürgert. Dementsprechend gibt es auch viele und differenzierte Verhaltensregeln für NetNews.

Netiquette in NetNews-Beiträgen

NetNews-Gruppen (oder auch einfach "News-Gruppen" genannt) sind exzellente und schnelle Informationsquellen für jedermann und dementsprechend unter Insidern sehr beliebt. Dieser Dienst erzeugt auch deshalb im Internet und bei Internet Service Providern nicht zu unterschätzenden Datenverkehr aus, da die Distribution sehr komplex abläuft.

- **Posting - Cross-Posting**
  In Fachjargon steht "Posting" für das Absenden eines Beitrages in eine News-Gruppen, "Cross-Posting" für das Absenden eines Beitrages in mehrere News-Gruppen gleichzeitig. Weisen Sie die Leser darauf hin, wenn Ihr Beitrag cross-posted ist oder Antworten mit einem sogenannten "Follow-Up" (Posting wird so adressiert, dass Antworten auf das Posting automatisch an eine andere News-Gruppe gesendet wird) versehen sind.

- **Zuerst Gruppe kennen lernen!**
  Lesen Sie zunächst ein, zwei Wochen nur die Beiträge mit, bevor Sie selbst Beiträge verfassen. Auf diese Weise lernen Sie die Kultur, aktuelle Diskussionsthemen und

www.netplanet.org/netiquette

5
- **Realname bitte!**
  - **Fassen Sie sich kurz!**
- **Konventionen für Postings beachten!**
  - **Keine Fälschungen und Manipulation!**
- **Keine Dateien anhängen!**
  - **Keine Werbung!**
- **Signatur einfügen!**
    - **Bei Antworten Zitate einfügen!**
- **Kein HTML in Postings!**

6

Web Bilder **Groups** Verzeichnis News

de.newusers   [Suche]

○ Suche nur in de.newusers.infos

Gruppe: de . newusers . infos(Diese Gruppe wurde moderiert)

Diskussionsthemen 1-25 von etwa 7,080 in de.newusers.infos

Datum	Gegenstand der Diskussion
19. Aug. 2004	<2002-05-01> Warum soll ich mich an die Regeln... (116 Beiträge)
19. Aug. 2004	<2001-10-06> Warnung vor unerwuenschten Nebenw... (147 Beiträge)
19. Aug. 2004	<1997-12-18> Einfuehrung in das Usenet (337 Beiträge)
19. Aug. 2004	<2004-08-17> FAQ: Newsreader-Uebersicht fuer E... (1 Beitrag)
19. Aug. 2004	<1997-07-05> Netiquette fuer "de.*" (346 Beiträge)
19. Aug. 2004	<2002-11-03> Informationstexte-Verzeichnis fue... (91 Beiträge)
19. Aug. 2004	<1999-09-04> Sieben Thesen zur Hoeflichkeit im... (253 Beiträge)
19. Aug. 2004	<2003-02-20> Headerzeilen (70 Beiträge)
19. Aug. 2004	<2004-08-03> Hinweise fuer Google-Poster (3 Beiträge)
19. Aug. 2004	<2001-07-26> Glossar (157 Beiträge)

4 Für die Teilnahme in Newsgroups gibt es Verhaltensregeln, die sogenannte „Netiquette".

5 Der Katalog ist ebenso umfangreich wie restriktiv, lesen Sie ihn sorgfältig durch, bevor Sie zum ersten Mal „posten".

6 Für neue Teilnehmer gibt es eine eigene Newsgroup: de.newusers

Wer gegen die Netiquette verstößt, wird nicht nur von den übrigen Teilnehmern übelst beschimpft, sondern „fliegt" auch auch aus dem Raum.

HINWEIS

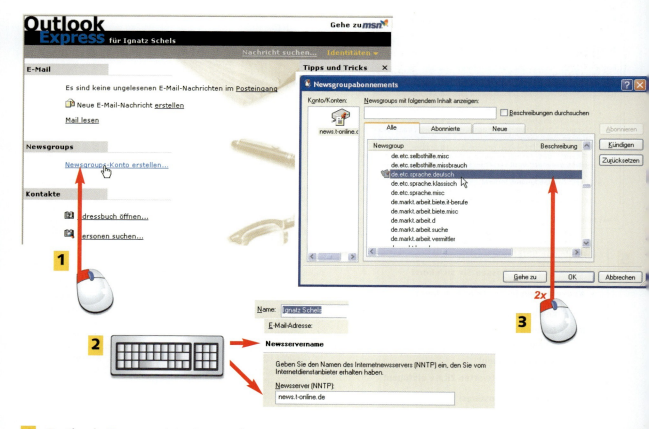

1 Outlook Express ist ein Mailprogramm mit integriertem NewsReader. Zuerst muss ein Konto für den Newsserver erstellt werden.

2 Geben Sie Ihren Namen und Ihre Mailadresse an und tragen Sie die Adresse eines Newsservers ein (hier T-Online).

3 Nachdem die Newsgroups vom Server gesammelt sind, suchen Sie sich einzelne heraus und abonnieren diese per Doppelklick.

Mit einem NewsReader können Sie aktiv an Diskussionen in Newsgroups teilnehmen. Outlook Express enthält einen NewsReader, Sie müssen nur die Adresse des Newsservers eintragen und die laufenden Diskussionen abholen.

WISSEN

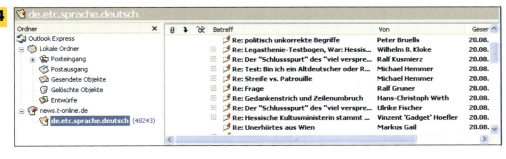

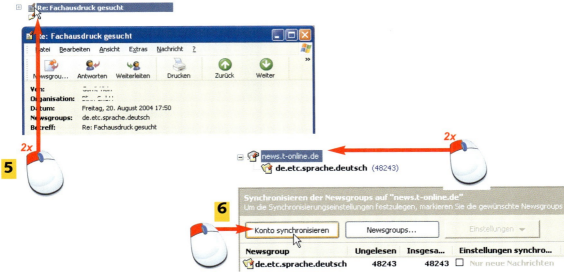

4 Server und abonnierte Gruppen werden anschließend in der Ordnerübersicht präsentiert, und jetzt sehen Sie auch die Diskussion.

5 Mit Doppelklick auf einen Beitrag öffnen Sie diesen in einem neuen Fenster.

6 Das Konto muss ab und zu synchronisiert werden, damit Sie Zugriff auf neue Newsgroups und Nachrichten haben.

Schalten Sie zum Sammeln der News eines Newsservers die Firewall kurzfristig aus, sonst sperrt diese die Übertragung der „threads" (Beiträge).

Tragen Sie ruhig mehrere Newsserver ein, abonnieren Sie aber nur die Gruppen, die Sie wirklich interessieren, sonst wird's unübersichtlich.

TIPP　　　　　　　　　　**TIPP**

Start

1 Wenn Sie mit Freunden, Bekannten oder auch wildfremden Leuten auf der ganzen Welt plaudern (chatten) wollen, brauchen Sie ICQ.

2 Wer mit AOL im Internet ist, kann den Instant Messenger benutzen, der zur AOL-Software gehört.

3 Windows stellt den MSN-Dienst Windows Messenger zur Verfügung, dazu muss ein .NET-Passport bei MSN beantragt werden.

Das Chatten (Plaudern) im Internet ist beliebt bei Alt und Jung. Legen Sie sich mit ICQ eine Liste Ihrer Lieblingsplauderer an, das Programm zeigt Ihnen immer an, wer gerade online ist.

WISSEN

Wählen Sie ICQ, wenn Sie...

- Andere Leute kennen, die auch ICQ nutzen
- An Hunderten von Diskussions-Gruppen teilnehmen wollen
- Teil der größten internationalen Community werden wollen

Download ICQ

www.icq.de

4

5

6

Herzlich willkommen im ICQ-Tutorial!!

- Startseite
- Allgemein
- Download
- Installation
- Erste Schritte
- Einstellungen
- Funktionen
- Index

Lang genug hats ja gedauert, aber nun hab ich mein Tutorial über Version 2003a angepasst. Sämtliche Fragen und Antworten sind jet Ich hoffe, Du findest alle Antworten auf deine Fragen.

ICQ ist eine kostenlose Software zum Kommunizieren im Internet. gleichzeitig online sind, werden sofort erkannt und können angesprochen werden.

www.icq-tutorial.de

4 Die meisten Online-Chatter benutzen ICQ. Hier können Sie das Programm kostenlos downloaden.

5 Nach der Anmeldung wird Ihnen eine persönliche ICQ-Nummer zugeteilt, und damit sind Sie Mitglied der großen ICQ-Gemeinde.

6 Auf dieser Seite finden Sie alles, was es zum Thema ICQ zu wissen gibt.

ICQ ist eine Abkürzung für „I Seek You", zu deutsch „Ich suche dich".

Das ICQ-Programm wird bei der Installation in die Startliste eingefügt, es wird automatisch mit dem Start von Windows aktiv.

Die Liste mit den Daten der IRC-Mitglieder ist öffentlich zugänglich. Überlegen Sie deshalb gut, wie weit Sie private Angaben machen wollen.

FACHWORT　　　　**HINWEIS**　　　　**TIPP**

Start

1

www.well.com

2

YAHOO! Groups DEUTSCHLAND   [Neue Y! Group gründen!]

📁 **Computer & Internet**
Hard-, Software, WWW...

📁 **Schule & Bildung**
Azubi, Abi, Hochschulen...

📁 **Erotik & Beziehungen**
Singles, Beziehungen...

📁 **Spiele**
Computer-, Rollenspiele...

3

MSN Home | My MSN | Hotmail | Shopping | Messenger | Groups
msn.de **msn.** Groups

Gruppen suchen:
[   ] [Suchen]
Erweiterte Suche

Groups Home
Meine Gruppen
Um dieser Liste eine Gruppe hinzuzufügen, erstellen Sie eine Gruppe oder treten Sie einer Gruppe bei, die im Verzeichnis aufgeführt ist.
Meine Speicherplatzinfor...
Suche nach Interessen

Gruppen durchsuchen

Arbeitswelt
Firmen , Arbeitsplatz & Beruf , Firmen ...

Computer & Internet
Hardware , Software , Internet ...

Deutschland & die Welt
US , Europa , Deutschland ...

Games & Spiele
Computerspiele , Videospiele ...

Geldanlage & Finanzen
Geldanlagen , Finanzplanung ...

Gesundheit & Wellness
Selbsthilfegruppen , Gesundheit , Medizin ...

Haus & Familie

Lifestyle

1 Die „Mutter" aller Web-Communities ist The Well, vor 12 Jahren gegründet.

2 Wer sich mit Gleichgesinnten in einer virtuellen Gemeinschaft zusammentun möchte, findet solche bei MSN, …

3 … oder bei Yahoo. Hier kann jeder seine eigene Gruppe gründen, sobald er angemeldet ist.

Communities sind Benutzergruppen, in denen Internet-User miteinander kommunizieren, Meinungen und Informationen austauschen. Meist bildet sich eine Community zu einem bestimmten Thema.
Communities werden meist von kommerziellen Anbietern angeboten, entstehen aber auch auf privaten Seiten.

WISSEN

4 Communities bilden sich zu den unterschiedlichsten Themen und Bereichen.

5 Nicht virtuell, sondern ganz real ist TeleMarkt, das Magazin für Communities.

6 Wer sich über Communities informieren will, findet hier viele Infos und eine große Linkliste.

Hüten Sie sich vor Communities, die Geld verlangen. Häufig ist das Angebot magerer als die Versprechungen.

TIPP

7

www.metropolis.de

9

8

www.moove.de

7 In der virtuellen Stadt Metropolis leben mehr als 1,6 Millionen Bürger.

8 Bei Moove erschaffen Sie sich Ihre eigene virtuelle Welt im 3D-Design.

9 Um die einsamen Herzen kümmern sich zahllose Anbieter, die meisten wollen Geld für ihre Dienste.

Communities werden immer beliebter, aber je mehr es gibt, desto weniger Mitglieder haben die einzelnen. Aus diesem Grund verschwinden viele schnell wieder von der Bildfläche. Das gilt auch für Chats im IRC.

WISSEN

10

11

12

Smiley - Lexikon

http://home.allgaeu.org/cwalter/smileys.html

10 Chatrooms sind fester Bestandteil jeder Community und auf vielen Internet-Seiten zu finden.

11 Chatrooms haben ihre eigene Dynamik und Sprache.

12 Mit Emoticons drücken Chatter aus, was mit Buchstaben nicht zu vermitteln ist.

Ende

Emoticons sind out, benutzen Sie sie sparsam, besonders in Mails. Viele IRC-Programme bieten bereits alternative Grafiken an.

IRC heißt die Technik für Chats, die in einem Fenster außerhalb des Browsers laufen. Viele Webseiten bieten solche Chats an, die u. a. mit Java programmiert sind.

IRC: Internet Relay Chat. Ein Dienst, der direkte und bidirektionale Datenübermittlung ermöglicht.
Java: Programmiersprache im Internet

TIPP

HINWEIS

FACHWORT

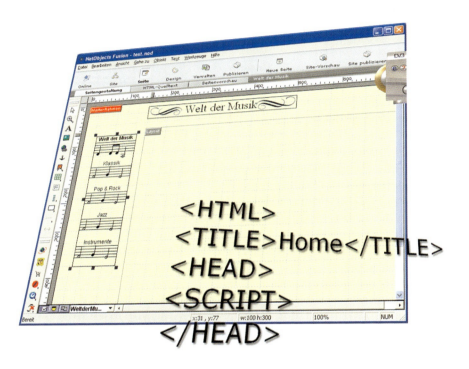

Die eigene Homepage

Start

1 Die eigene Homepage im Internet ist das wichtigste Profil und Aushängeschild für Personen, Unternehmen oder Produkte.

2 Für Unternehmen jeder Größenordnung ist der Internetauftritt Visitenkarte, Firmenpräsentation und Informationszentrale.

3 Immer mehr Unternehmen bieten Dienstleistungen und Kundenservice online an.

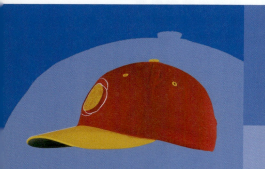

Sie wollen endlich aktiv im Internet sein und einen eigenen Webauftritt haben? Besorgen Sie sich eine Adresse und erstellen Sie eine Homepage. Und schon sind Sie Teil der großen Gemeinschaft.

WISSEN

4 Ämter und Regierungsstellen informieren oder bieten Service an und ersparen mit Internetangeboten so manchen Gang auf die Behörde.

5 Auch Vereine und Privatpersonen können sich im Internet mit einer Homepage optimal präsentieren.

6 Es gibt nichts, was es nicht gibt. Auch für skurrile Seiten ist Platz im Netz der Netze, das keiner Zensur unterliegt.

Die Zahl der Homepages im Internet ist nicht mehr zählbar, weltweit sind nach Schätzungen etwa 3 Milliarden Seiten online.

Die großen Auftritte werden meist mit CMS-Systemen geplant und realisiert.

CMS: Content Management System. Software und Hardware, für flexible und dynamische Webseiten.

HINWEIS   **HINWEIS**   **FACHWORT**

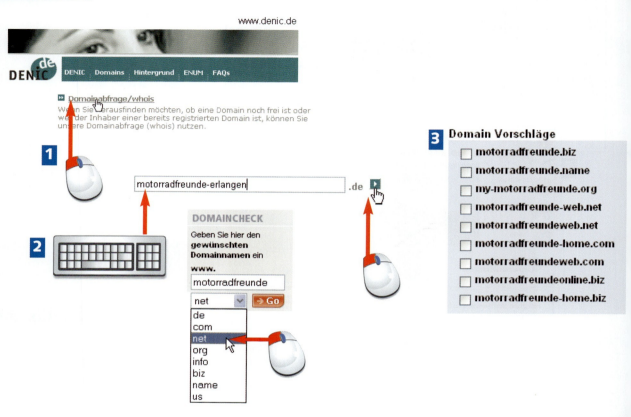

1 Wer sich im Internet präsentiert, sollte natürlich eine eigene Adresse haben. Sehen Sie bei DENIC nach, …

2 … ob Ihre Wunschadresse mit der Endung .de noch frei ist. Diesen Domänen-Check bieten Providerfirmen auch für andere Domänen an.

3 Es muss nicht immer .de sein, in den anderen Domänen gibt es noch viele freie Adressen.

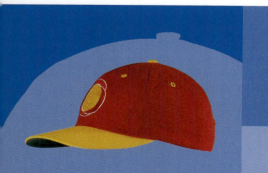

Die eigene Domäne ist für das repräsentative Erscheinungsbild eines Unternehmens so wichtig wie das Firmenlogo. Deshalb beantragen Firmen heute schon vor der Gründung ihre Internet-Domäne, vorausgesetzt, der Name ist noch frei.

WISSEN

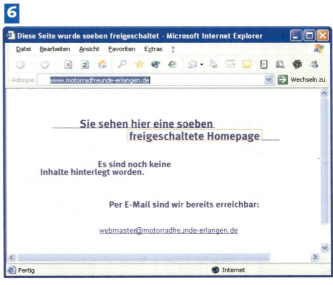

4 Welchen Provider Sie als Partner wählen, entscheiden Sie selbst. Für die Anmeldung müssen Sie Ihre persönlichen Daten eingeben.

5 Nach der Anmeldung können Sie im Control-Center Ihre Domäne und die E-Mail-Adressen konfigurieren.

6 Nach einer kurzen Einrichtungszeit ist die Domäne verfügbar, der Provider legt dort eine temporäre Homepage an.

HINWEIS

Die monatliche Gebühr für eine Domäne wird per Lastschriftverfahren eingezogen, sie variiert je nach Speicherplatz und Zusatzleistungen.

TIPP

Die Provider bieten meist Domänenpakete an, in denen mehrere Namen reserviert werden können.

TIPP

Sehen Sie in Domänenbörsen nach, vielleicht wird Ihre Domäne zum Kauf angeboten:
www.sedo.de
www.domain-handel.de
www.nicit.de

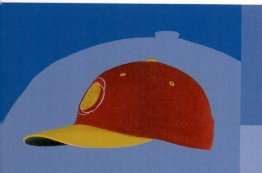

1 Für die private Homepage bieten fast alle Dienstanbieter günstige Lösungen und Werkzeuge, hier zum Beispiel T-Online.

2 Arcor stellt seinen Kunden ein Homepage-Center mit vielen Werkzeugen zur Verfügung.

3 Bei AOL können Sie Ihre Homepage in der Hometown veröffentlichen.

Eine Homepage im Internet ist auch für Privatpersonen, Kleinunternehmer und Vereine erschwinglich und mit wenig Aufwand realisierbar.

WISSEN

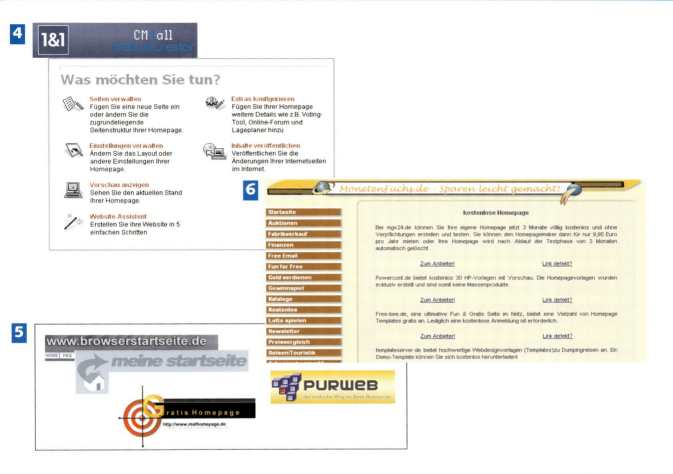

4 Je größer das Domänenpaket ist, desto reichhaltiger ist die Auswahl an Werkzeugen für die Homepage.

5 Viele Anbieter stellen Dienste und Webspace kostenlos zur Verfügung, meist muss Werbung in Kauf genommen werden.

4 Auf dieser Liste unter www.monetenfuchs.de finden Sie eine Liste mit Anbietern für kostenlose Homepages.

TIPP

Eine eigene Adresse unter der Top-Level-Domäne .de ist schon für wenige Cent pro Monat zu haben.

HINWEIS

Private und kostenlose Homepages bei Online-Diensten erhalten keine Top-Level-Adressen, sondern eine Pseudo-Domäne zugewiesen, zum Beispiel hans.mustermann@privat.t-online.de

1 Die Homepage ist eine Sammlung von (Text-)dateien, die in der Programmiersprache HTML erstellt sind.

2 Bilder gelangen über Verweise auf Bilddateien auf eine Homepage, sie werden mit „Tags" in den Code eingebaut.

3 Auch Videos, Flash-Animationen und Java-Scripts sind Dateien, die erst bei Ausführung der Seite im Browser wiedergegeben werden.

Webdesign ist eine Kunst und ein Handwerk, und beides will gelernt sein. Wenn Sie Ihre Homepage selbst gestalten wollen, müssen Sie sich mit HTML vertraut machen.

WISSEN

4 Die Menüsteuerung einer Site ist gleichzeitig die Liste der verlinkten HTML-Seiten. Die Startseite heißt immer *index.html*

5 Alles zu HTML und ein großes Forum finden Sie bei SelfHTML, der anerkannt besten Webseite zu diesem Thema.

6 Besuchen Sie ein gutes Webdesign-Seminar und lesen Sie die passende Lektüre aus Ihrem Lieblingsverlag.

TIPP	FACHWORT	HINWEIS
Beginnen Sie mit einem Konzept ähnlich einem Bauplan, entwerfen Sie zuerst die Menü- bzw. Ordnerstruktur Ihrer Homepage.	**HTML** (Hyper Text Markup Language): Programmiersprache für die Erstellung von Webseiten bzw. Homepages	Sie müssen kein perfekter Webdesigner werden, um eine gute Webseite zu erstellen, aber ohne Grundlagenwissen in HTML und anderen Designtechniken geht es nicht.

Start

1 HTML-Editoren sind Programme, mit deren Hilfe auch Nicht-Programmierer gutes Webdesign herstellen können.

2 Die großen Softwarewerkzeuge sind sehr leistungsfähig, kosten aber auch entprechend Geld.

3 Wer Microsoft Office einsetzt, hat mit der Textverarbeitung Word bereits einen vollwertigen HTML-Editor.

Webdesign ohne Programmierung? Das geht, aber Sie müssen sich in ein Programm einarbeiten. Der Softwaremarkt bietet Homepage-Editoren in allen Größenordnungen.

WISSEN

4

5

6

4 Microsoft hat natürlich auch die Profi-Version eines HTML-Editors in der Produktliste. FrontPage gehört zu Office Professionell.

5 Zu den beliebtesten Werkzeugen zählt NetObjects Fusion. Die Software ist leicht zu erlernen und einfach zu bedienen.

6 Die vielen Funktionen lassen trotzdem keine Wünsche offen, wenn professionelle Webauftritte das Ziel sind.

NetObject Fusion gehört bei den meisten Providern zur Grundausstattung des Domain-Paketes. Der Fusion Club bietet guten Support: www.fusion-support.de

TIPP

Alle Homepage-Editoren werden mit Vorlagen geliefert, die Sie einfach mit Text und Bild füllen können. Das erspart viel Handarbeit im Webdesign.

HINWEIS

Macromedia Dreamweaver ist eines der besten Designwerkzeuge, aber schwer zu erlernen. Im Internet finden Sie Tutorials und Anleitungen: www.dreamworker.de

HINWEIS

1 Die Startseite sollte den Besucher informieren und schnell zu laden sein. Intros mit Musik sind out, ebenso Frames.

2 Webseiten sind maximal 1024 Pixel breit, damit auch kleinere Monitore eine Chance haben. Halten Sie die Menüstruktur überschaubar.

3 Bieten Sie Service für Ihre Besucher: Gästebuch, Forum, Chat, Newsletter-Dienst, Kontaktformular. Aber keine Besucherzähler!

Hier ein paar Ratschläge für die Gestaltung Ihrer Homepage. Beachten Sie die alte Design-Regel: Weniger ist mehr. Nehmen Sie sich nicht zu viel vor und verzichten Sie auf netten, aber nutzlosen Schnickschnack.

Frames: Aufteilung einer Seite in mehrere Einzelseiten.

WISSEN　　　　　　**FACHWORT**

4 Unsere Golfanlage in Bildern.
Klicken Sie auf ein Foto, um die Galerie zu öffnen.

6 Haftungsausschluss

1. Inhalt des Onlineangebotes
Der Autor übernimmt keinerlei Gewähr für die Aktualität, Kor
ideeller Art beziehen, die durch die Nutzung oder Nichtnutz
ausgeschlossen, sofern seitens des Autors kein nachweislich \

www.disclaimer.de

Links & Law - Alles über Linking, Framing und Suchmaschinen

Nutzen von Disclaimern	Linking Policies	Framing	Informations- pflichten	Geschichte des Linking	Suchmaschinen	News & Newsletter	Veröffentlichungen	Lebenslauf / Impressum

www.linksandlaw.de **Informationspflichten im Internet**

4 Bilder sind maximal 60 kB groß. Stellen Sie Ihre Fotos in Fotogalerien mit Vorschaubildern. Für Videos immer alternative Formate anbieten.

5 Werbebanner sind megaout, Pop-Ups werden sowieso weggeblockt. Halten Sie Ihre Seiten frei von Werbekram, der nicht sein muss.

6 Vergessen Sie nicht Ihre Kontaktdaten, einen Disclaimer und das Impressum (Pflicht für alle nicht-privaten Seiten).

Zur Nachbearbeitung oder Aufbesserung von Bildern sollten Sie mit einem guten Grafikprogramm (z. B. Adobe Photoshop) ausgerüstet sein.

Der Link für alle Homepage-Einsteiger:
www.meine-erste-homepage.com

Ein rechtlich abgesichertes Impressum erstellt das Programm auf dieser Seite automatisch, Sie kopieren einfach den Code:
http://www.digi-info.de/de/net-law/webimpressum/assistent.php

TIPP   **HINWEIS**   **TIPP**

1 Die Seite www.planet-wissen.de hat aus gutem Grund den Grimme-Online-Award gewonnen.

2 Mit Seiten wie dieser wird der Designer wahrscheinlich keinen Blumentopf gewinnen.

3 Suchen Sie nach Gestaltungstipps und Beispielen im Internet, es lohnt sich.

Gutes Webdesign ist Voraussetzung für den Erfolg einer Seite, schlechte Gestaltung macht auch gute Inhalte zunichte. Lernen Sie von den Profis.

Award: Preis für die Gestaltung einer Internetseite.

WISSEN

FACHWORT

www.webvideoguide.de

www.muellseite.de

4 Auch für den Einsatz von Videos gibt es wertvolle Informationen.

5 Wer auf der Müllseite von Peter Graf landet, hat nicht den besten Geschmack bewiesen.

6 Hier werden die besonders schlechten Seiten mit einem Award ausgezeichnet. Ein Blick lohnt sich, auch von schlechtem Design lernt man.

Der Klassiker, der seit zehn Jahren schlechtes Webdesign anprangert und Designtipps gibt:
www.webpagesthatsuck.com

Eine gültige In/Out-Liste für Webseiten finden Sie bei den Webworkern:
www.web-worker. horizont.net

Eine gute Seite mit vielen Tipps, sehr guten und sehr schlechten Seiten:
www.jacomet.ch/index.html

TIPP   **TIPP**   **HINWEIS**

Gute Seiten, schlechte Seiten

Start

1 Die Großen der Medienbranche sind natürlich geschlossen im Internet vertreten, und (noch) sind ihre Online-Zeitungen kostenlos.

2 Auch regionale Tageszeitungen sind vertreten. Sehr informativ sind Portale und Marktplätze von regionalen Verlagen oder Kommunen.

3 Die großen Fernsehsender locken mit Zusatzinfos zu Sendungen, Dowmloads und Videoclips.

Zeitungsverlage, Nachrichtendienste und Fernsehsender haben von Anfang an auf das Medium Internet gesetzt, auch wenn keine Gebühren von den Surfern fließen. Aber Werbung lässt sich immer verkaufen.

WISSEN

4 In der ZDF-Infothek können Sie Nachrichtentrailer und Infosendungen ansehen.

5 Infos, Diskussionen und Beiträge zur Weltpolitik finden Sie auf www.weltpolitik.net.

6 Auch die großen amerikanischen Fernsehsender sind mit einem
Online-Programm vertreten.

Ende

Der Nachrichtenmann sammelt sie alle: www.nachrichtenmann.de Pressemitteilungen gibt es hier: www.news-ticker.org	Regionale Informationen finden Sie auch auf den Internetseiten der Kommunen (Städte, Märkte) und bei Behörden und Ämtern.	Deutsche Nachrichtensender: www.n-tv.de www.n24.de www.tagesschau.de
TIPP	**TIPP**	**TIPP**

1

www.sport1.de

www.dsb.de

3

www.dfb.de

2

www.golf.de

www.basketball-bund.de

www.dtb-tennis.de

1 Es gibt keine Sportart, die nicht im Internet vertreten ist, und ebenso reichhaltig ist auch die Anzahl der Sportseiten im Netz.

2 Zu jedem großen Sportereignis sind topaktuell Dutzende von Seiten im Internet.

3 Die Sportverbände präsentieren sich mit aufwändigen Seiten, viele bieten Intranets für ihre Vereine an.

Die schönste Nebensache der Welt soll ja immer noch der Sport sein. Daran hat sich mit dem Internet nichts geändert, im Gegenteil: Sportseiten bieten Infos pur vom Bundesliga-Tor bis zum Live-Schachturnier.

WISSEN

4

5

www.behindertensport.de

www.deutscches-sportabzeichen.de

4 Umfangreiche Informationen rund um den Sport liefern die großen Sportportale.

5 Bei den regionalen Verbänden können sich Sportvereine in Vereinslisten eintragen lassen.

6 Suchen Sie gezielt nach Sportseiten, im Internet ist für jeden was dabei.

Eine Liste der bekanntesten Fußballvereine aus aller Welt mit Links hat Sportgate in seinem Lexikon:
www.sportgate.de/lexikon

Golfclubs und vieles mehr über Golf:
www.golfclub-suche.de
Alle Sportarten, viele Statistiken:
www.sport-komplett.de

TIPP

TIPP

1 Das große Portal www.wissenschaft.de bietet Einblicke in Wissensgebiete von Kultur bis Umwelt.

2 Auf den Seiten der Fachzeitschriften finden Sie interessante Beiträge und Informationen.

3 Informativ und lehrreich: Wissenschaftsseiten im Internet.

Mit dem weltweiten Netz sind Informationen und Projekte aus Wissenschaft und Technik weltweit zugänglich. Viele Seiten laden zum Mitmachen ein.

WISSEN

www.seti.alien.de

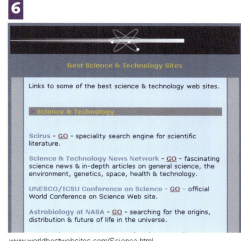

www.worldbestwebsites.com/Science.html

4 Eines der größten wissenschaftlichen Internet-Projekte: SETI@home sucht nach Außerirdischen.

5 Der forschenden Jugend gehört die Zukunft, und das Internet leistet seinen Beitrag dazu.

6 Diese Webseite listet eine Menge internationaler Wissenschaftsseiten.

Start

1
www.klassik.com

www.adk.de

www.arsmundi.de

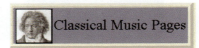
w3.rz-berlin.mpg.de/cmp

2
www.javamuseum.org

3
www.mmki.de

1 Die klassischen Künste sind ebenso vertreten …

2 … wie moderne Projekte der Kunstwelt (hier das Java-Museum).

3 Das Museum für moderne Kunst im Internet stellt seine Exponate mit Quicktime-Movies und Panoramabildern aus.

Für Kunstliebhaber ist das Internet ein großer Katalog, der alle Stilrichtungen von der Klassik bis zur Moderne abdeckt.

Hier finden Sie eine große Liste mit Literaturlinks: http://members.aol.com/artefact/lit-links.html

WISSEN

TIPP

www.klassiker-der-weltliteratur.de

www.dichtung-digital.de

http://gutenberg.spiegel.de/index.htm

6

futuristischer Lesesalon

: Literaturprojekte online

: Literatur online

: Volltexte

: Lyrik online

: Autoren

: Literaturzeitschriften

: Literaturpreise

: Rezensionen/Lesetipps

>>Volltreffer:
Gedichtgenerator

http://www.stuttgart.de/stadtbuecherei

4 Klassiker der Weltliteratur stehen neben digitalen Projekten der Gegenwart.

5 Der Spiegel stellt im Projekt Gutenberg Literatur von der Antike bis zur Neuzeit kostenlos ins Internet.

6 Die Erlanger Liste ist eine Fundgrube für Germanisten. Im futuristischen Lesesalon finden Sie moderne Literatur.

Fakten zum Projekt Gutenberg: 1.500 Romane, Erzählungen, Novellen, Dramen, 13.000 Gedichte von über 450 Autoren, Klassikern, Dichtern, Forschern und Philosophen. Mehr als 75.000 Text- und Bilddateien. Alle Beiträge sind auch auf CD-ROM erhältlich.

Die internationale Datenbank für virtuelle Kunst:
http://virtualart.hu-berlin.de
Goethe im Internet: www.goethe.de
The Internet Art database:
http://dart.fine-art.com/

HINWEIS

TIPP

www.internet-abc.de

www.mininetz.de

www.kidlane.de

1 Im *Internet ABC* finden Kinder und Eltern interessante Infos und tolle Spiele.

2 Wenn dann doch die „elternfreie Zone" erwünscht ist, geht es ab in die *Kidlane*.

3 Gut, aber nicht umsonst: Das Mininetz hat eine Suchmaschine mit Kinderfilter.

Kinder lieben das Internet, es ist knallbunt und lebendig, bietet Spaß und Spiel pur. Auch Pädagogisches kann spannend und interessant gemacht sein.

Bärige Seiten:
Winnie Pooh: www. beas-winniepooh.de
Käpt'n Blaubär: www.wdr.de/tv/ blaubaer

WISSEN

TIPP

www.blinde-kuh.de

www.familie-online.de

4 Der Klassiker: Die Blinde Kuh ist eine zuverlässige Suchmaschine für Kinderseiten im Internet.

5 Auch für die schon etwas größeren Kinder findet sich was: Das erste Online-Jugendmagazin verspricht spannend, trendig und frech zu sein.

6 Hier treffen sich Kinder und Eltern und suchen beispielsweise Urlaubsorte für kinderreiche Familien.

Wie können Kinder das Internet sinnvoll nutzen? Eine Linksammlung zu diesem Thema finden Sie hier:
http://www.educat.hu-berlin.de/mv/internet_kinder.html

Lernen mit Spaß:
www.addyjunior.de
Das Portal für Kinder:
www.kinderportal.de

Ein Reiseführer zu den schönsten Kinderseiten:
www.familie-hauenstein.de/links/kinder/start.htm

TIPP   **TIPP**   **TIPP**

1

2

Deutschland-Portal

www.seniorennet.de

3

Schulfreunde finden
''' Lebenspartner suchen '''
Die Apotheke mit Rabatt
ST-Wegweiser | FAQs
Erstanmeldung bzw. **Login**
Der informative Link:
Buchverlag Andrea Stangl
Grusskarten (Hanno Votteler)
Diskussionsforen: Allgemein,
Computer, Gesundheit, Literatur,
Reise, Politik, Wissenschaft,
Soziales, Haustiere, **Umfragen**
Die 'Kleine Kneipe'
Reiseplanung, Stammtische,

www.seniorentreff.de

1 Senioren sind zwar eine Minderheit in der Surfergemeinschaft, aber das Zielgruppen-angebot.wächst.

2 Das *SeniorenNet* fasst regionale Webseiten zusammen.

3 Im *Seniorentreff* findet der reifere Internet-Surfer Informationen, Diskussionen und vieles mehr.

Längst hat sich das Internet auch auf Surfer eingestellt. die sich in der zweiten Lebenshälfte befinden. Seniorenportale bieten Information und Lebenshilfe, der Fachhandel rüstet sich mit Seniorenartikeln und die Touristikbranche lockt mit speziellen Angeboten.

WISSEN

4

5

6

4 Unsicher mit dem Computer? Kein Problem. Online-Kurse speziell für Senioren helfen Ihnen auf die Sprünge.

5 Eine gute Idee: Senioren bieten ihr Können und ihre Erfahrung an, Firmen und Privatpersonen suchen rüstige Senioren.

6 Wer wie seniorenwohl.de ein gut sortiertes Angebot im Internet hat, der darf auch Geschäfte mit den betagten Kunden machen.

Der Radiosender SWR schickt Senioren mit Gisbert ins Internet:
http://www.swr.de/imperia/md/content/swr4/bw/2004-06-09_giesbfolderkor.pdf

Senioren-Computerclubs:
Frankfurt: www.scc-ffm.de
Berlin: www.dscc-bln.de
Hamburg: www.dscc-hamburg.de

Das bayerische SeniorennetzForum:
www.bsnf.de
Seniorenpflege online mit Jobbörse für Pflegeberufe: www.geroweb.de
Spezialhändler:
www.senioren-fachhandel.de

TIPP   **TIPP**   **HINWEIS**

www.maennerseiten.de

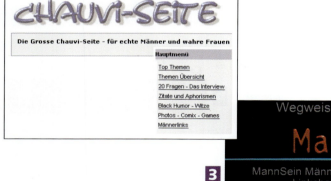

www.mannlinker.de

MensHealth.de
INTERNET FÜR MÄNNER
www.menshealth.de

1 Endlich erbarmt sich jemand auch des schwachen Geschlechts und zeigt den Männern im Internet, wo's langgeht.

2 Witziges und Kurioses zum ewigen Kampf der Geschlechter findet sich auf der Chauvi-Seite.

3 Hier finden Männer alles, was sie interessiert.

Frauen sind nach den Statistiken zwar noch immer noch in der Minderzahl im Internet, aber die Surferinnen holen auf. Gut, dass es Seiten gibt, die den Geschlechterkampf noch ernst nehmen.

WISSEN

4

5

6

4 Reichhaltig ist das Angebot an Internetseiten „nur für Frauen".

5 Ein Projekt von Lehrer-Online fördert Mädchen im Internet.

6 Frau hat sogar eine eigene Suchmaschine für Frauenseiten im Internet.

Das Gesundheitszentrum:
www.almeda.de
Vorsprung durch Technik:
www.frauen-computer-
schulen.de

Das Verhältnis Männer/
Frauen im Internet lag im
Jahr 2002 bei 53% zu 36%.

Das Internet kennt keine
Tabus und schreckt vor nichts
zurück:
www.wechseljahre-des-
mannes.de
www.vasektomie.de

TIPP

HINWEIS

Start

1 Seiten, die thematisch Kinder und Jugendliche ansprechen, sollten nicht an Dialer verkauft werden. Schützen Sie Ihre Kinder.

2 Auch diese Spaßvögel, die lustige Bildchen und Plumps-Videos anbieten, sind nur Abzocker.

3 Online-Heiratsmärkte benutzen die gleichen dämlichen Tricks wie „echte" unseriöse Institute. Hier ist nichts kostenlos.

Dialer, Sex, Gewalt, Rassismus und Kriminalität: Das Internet hat auch für die dunkle Seite eine Menge Platz. Aber das ist Netz ist frei, und jeder ist für sich selbst verantwortlich.

WISSEN

4

 Aktion für Jugendschutz

5

6

4 Gemeinsame Aktionen sind ein wirksamer Schutz gegen die üblen Seiten im Internet.

5 Wer auf die Abzockerseiten der Erotikbranche hereinfällt, ist selber schuld. Das Vergnügen gibt es weitaus billiger.

6 Das gilt auch für die Hackerseiten. Hacker sind intelligente Leute, die Nutzer dieser Seiten gehören sicher nicht zu dieser Gruppe.

Ende

Die Gefahr, sich einen Dialer, Virus, Trojaner oder Spyware einzufangen, ist auf diesen Seiten besonders hoch und ohne Firewall garantiert.

HINWEIS

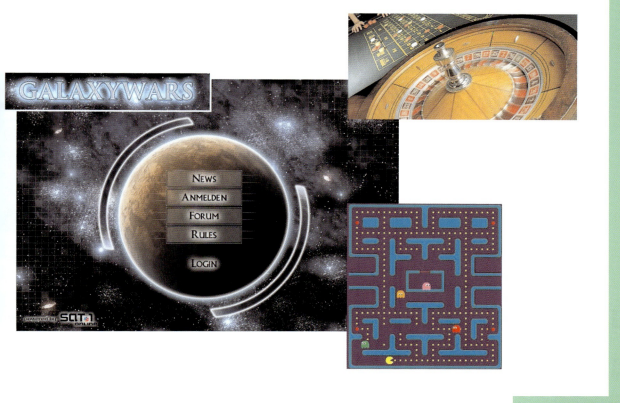

Spiele und Internet Gaming

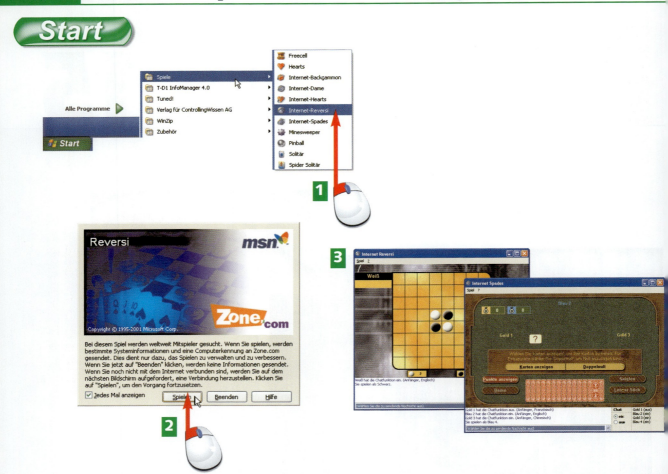

1 Ihr Betriebssystem Windows bietet unter *Start>Alle Programme>Spiele* einige Online-Spiele an.

2 Starten Sie ein Spiel (hier das Brettspiel Reversi), verbindet Sie Windows automatisch mit einem Spiele-Server.

3 Jetzt können Sie gegen unsichtbare Gegner aus aller Welt spielen. Ist kein Spieler verfügbar, springt der Computer ein.

Spielen im Internet ist ein großer Spaß. Laden Sie sich Spiele aus dem Netz oder treten Sie im Online-Game gegen Spieler aus der ganzen Welt an. Windows bietet bereits einige Online-Spiele an, weitere finden Sie auf der Internet-Seite von MSN (Microsoft Network).

WISSEN

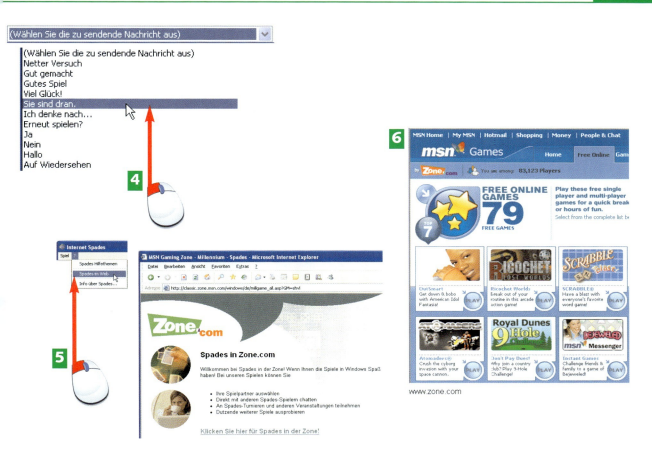

www.zone.com

4 Mit der Chat-Funktion senden Sie Ihren Mitspielern Nachrichten.

5 Noch mehr Spiele finden Sie, wenn Sie direkt auf den Spieleserver umschalten.

6 Die Game-Zone von MSN bietet hunderte von Online-Spielen an, alles ist kostenlos.

Ende

Mit diesem Link kommen Sie in das deutschsprachige Auswahlmenü der Zone:
http://classic.zone.msn.com/windows/de

Für weitere Spiele in der Zone brauchen Sie eine (kostenlose) Anmeldung bei MSN (.NET Passport).

Spielanleitungen zu allen Windows-Spielen finden Sie im *?*-Menü unter *Hilfethemen*.

TIPP   **HINWEIS**   **HINWEIS**

www.newgrounds.com

www.miniclip.com

www.scubadiving.de

www.2flashgames.com

1 Flash-Spiele werden auf vielen Seiten angeboten, meist können sie direkt online gespielt werden.

2 Ob Klassiker wie PacMan oder Ballerspiele, das Angebot ist reichhaltig.

3 Unter www.flash-games.net finden Sie eine Riesenauswahl an Flash-Spielen.

Flash ist eine Software von Macromedia, mit der nicht nur tolle Animationen, sondern auch gute Spiele programmiert werden. Suchen Sie nach Flash-Spielen im Internet, der Spaß ist garantiert!

WISSEN

http://download.t-online.de/t-games

4 Die schönsten und edelsten Spiele (auch für Kinder) finden Sie bei Orisinal.

5 T-Online bietet in seiner Spiele-Sektion viele Flash-Spiele als Freeware an.

6 Sie können sich Ihre Spiele natürlich selbst programmieren, alles was
Sie brauchen ist Flash und ein gutes Lehrbuch …

Achten Sie auf Dialer. Wenn
für ein Flash-Game ein Dialer
angeboten wird, wird es meist
ziemlich teuer. *Flashgames.de*
ist zum Beispiel eine Dialer-
seite.

Den kostenlosen Flash-
Player gibt es bei Macro-
media:
www.macromedia.com

Flash-Spiele müssen nicht per
Download auf die Festplatte
kopiert werden, sie werden
mit dem Flash-Player online
im Browser abgespielt.

TIPP   **TIPP**   **HINWEIS**

Start

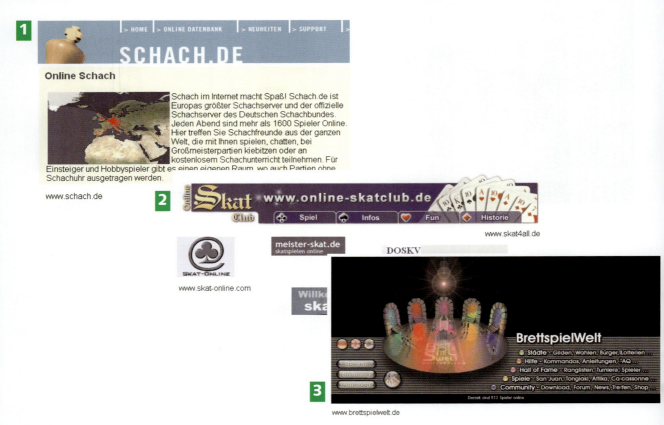

1 > HOME | > ONLINE DATENBANK | > NEUHEITEN | > SUPPORT | >

SCHACH.DE

Online Schach

Schach im Internet macht Spaß! Schach.de ist Europas größter Schachserver und der offizielle Schachserver des Deutschen Schachbundes. Jeden Abend sind mehr als 1600 Spieler Online. Hier treffen Sie Schachfreunde aus der ganzen Welt, die mit Ihnen spielen, chatten, bei Großmeisterpartien kiebitzen oder an kostenlosem Schachunterricht teilnehmen. Für Einsteiger und Hobbyspieler gibt es einen eigenen Raum, wo auch Partien ohne Schachuhr ausgetragen werden.

www.schach.de

2 Online **Skat** Club | www.online-skatclub.de | ♣ Spiel | ♠ Infos | ♥ Fun | ♦ Historie

www.skat4all.de

SKAT-ONLINE
www.skat-online.com

meister-skat.de
skatspielen online

DOSKV

Willke
ska

BrettspielWelt

● Städte - Gilden, Wahlen, Bürger, Lotterien ...
● Hilfe - Kommandos, Anleitungen, FAQ ...
● Hall of Fame - Ranglisten, Turniere, Spieler ...
● Spiele - San Juan, Tongiaki, Attika, Carcassonne ...
● Community - Download, Forum, News, Treffen, Shop ...

Derzeit sind 513 Spieler online

3 www.brettspielwelt.de

1 Sie finden keinen Schachpartner? Spielen Sie doch mit der ganzen Welt beim Online-Schach.

2 Nie mehr auf den dritten Mann warten: Skatbrüder und -schwestern setzen sich im Internet an einen Tisch.

3 In der Brettspielwelt finden Sie auch Mitspieler für viele andere Spiele wie Backgammon und einen Chatroom.

Spielen im Internet heißt nicht nur auf Ufos oder Moorhühner ballern. Spielen Sie Schach, Skat oder Backgammon und lernen Sie täglich nette Leute kennen!

WISSEN

4 Bei Zylom www.zylom.de ist die Spieleauswahl riesig, im Game-Duell spielen Sie auch gegen Online-Gegner.

5 Eine große Auswahl an Online-Spielen bieten auch diese Seiten.

6 Golf spielen online – Focus www.focus.de/golf macht es möglich, mit einer Turnierserie zu den besten Golfplätzen der Welt zu reisen.

Eine große Spielesammlung mit kostenlosen Online-Spielen finden Sie bei Yahoo: http://de.games.yahoo.com

Die Schach- und Skatportale tragen sogar Meisterschaften und Liga-Spiele aus.

Schafkopf im Heimnetz oder online: www.schafkopf.de. Der erste Club: www.netschafkopfclub.de

TIPP   **TIPP**   **TIPP**

Start

1 Kostenlose Browsergames aus vielen verschiedenen Genres gibt es bei www.gratis-game.net.

2 In diesen Online-Games besiedeln die Spieler Planeten und bekämpfen sich mit riesigen Raumschiffen im Weltraum.

3 Optische Leckerbissen und tolle Simulationen bietet das in Flash programmierte Omega Day www.omega-day.de.

Browsergames sind Onlinespiele, in denen die Spieler virtuellen Welten erschaffen, gestalten und bevölkern. In Weltraumspielen bekriegen sich Universen, und in Fantasy-Games wird gebaut, gehandelt und mit Fabelwesen gekämpft.

WISSEN

4

www.freewar.de

5

www.escape-to-space.de

6
www.inselkampf.de

www.wc3online.de

www.earthwars.de

4 Mit dem Rollenspiel Freewar tauschen Sie in eine Fantasy-Welt ein und kämpfen gegen viele starke Gegner.

5 Bei Escape to Space besiedeln Sie einen Planeten und verteidigen sich gegen Angreifer und Allianzen.

6 Suchen Sie im Web nach Browsergames, es werden immer mehr.

Ende

Weitere Links:
www.galaxywars.de
www.spieldergoetter.de
www.planetselma.de

Hier finden Sie ein Forum über Browsergames:
www.browsergames.net

Multiplayer: Modus, in dem mit oder gegen andere gespielt wird.
MMOG: Massive Multiplayer Online Game - Internet-Spiel mit vielen Teilnehmern.

TIPP   **TIPP**   **FACHWORT**

Start

www.spitzenserver.de

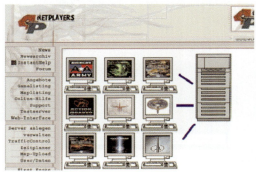

www.4netplayers.de

1 Kriegsspiele wie Counterstrike oder Half Life werden weltweit online gespielt.

2 Dazu wird nach der Installation der Software ein Server ausgewählt, auf dem sich viele Spieler versammeln.

3 Spieler oder Spielergruppen (Clans) können solche Server auch selbst aufsetzen oder von Anbietern mieten.

Faszinierend und abstoßend, erschreckend brutal und mit atemberaubender Grafik – Kriegsspiele sind die meistdiskutierte Spielekategorie im Web. Die Zahl der Online-Spieler steigt beständig, ebenso die Anzahl der Server, auf denen sich die Spieler und Teams treffen.

WISSEN

www.halflife.de

www.half-life.de

www.dayofdefeat.de

www.toplist24.de/pro/clanpagestop50

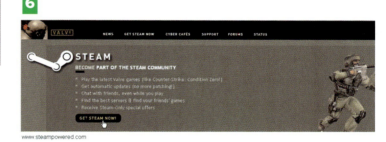

www.steampowered.com

4 Rund um die bekanntesten Ballerspiele haben sich zahlreiche Fanseiten und Communities im Internet gebildet.

5 Auch die zahlreichen Clans sind mit eigenen Homepages oder Clanlisten im Internet vertreten.

6 Über das Steampowered-Portal können Gamer die neuesten Shooter registrieren und downloaden.

Spiele Sie gerne im Netzwerk? Sehen Sie nach, wo die nächste LAN-Party stattfindet: www.lanparty.de

Ego-Shooter ist der Fachausdruck für „Ballerspiele", bei denen der Spieler die Rolle des Betrachters der Spielszene hat.

Der Download eines Spiels über SteamPowered setzt einen CD-Code voraus, der mit dem gekauften Produkt geliefert wird. Wer die CD gekauft hat, kann seinen Code gleich nutzen.

TIPP   **FACHWORT**   **TIPP**

1 4Players www.4players.de ist die beliebteste Online-Spieleseite bei deutschen Internet Surfern.

2 Gamigo www.gamigo.de bietet Infos, Downloads und Communities zu allen Online Spielplattformen.

3 Bei Neopets www.neopets.com erschaffen Sie sich einen virtuellen Spielkameraden.

Im Januar 2004 besuchten fast 6 Millionen Europäer Internet-Seiten mit Online-Spieleangeboten. Die deutschen Surfer sind mit 1,5 Millionen die eifrigsten Spieler.

Cheats, Hints: Versteckte Tricks und Hilfen, um in Spielen zu mogeln.

WISSEN **FACHWORT**

www.funnycomp.de

4 Bei Unity http://clanunity.net finden Sie eine Community von Spielern für Spieler mit nützlicher Releaseliste.

5 Ebenfalls unabhängig und überparteilich: FunnyComp.

6 Das Forum für neue Spiele www.neuespiele.de hat auch Cheats, Codes und Hints für viele Spiele zu bieten.

1 Suchen Sie nicht nach einzelnen Gewinnspielen, sehen Sie bei www.gewinner.de nach, welche es gibt.

2 Bei abadu www.abadu.de nehmen Sie automatisch bei bis zu 15.000 Gewinnspielen teil.

3 Wer schneller reich werden will, kann es auch beim Roulette probieren.

Vom Preisausschreiben bis zur Pferdewette ist alles im Internet vertreten, was schnelles Geld verheißt. Auch die staatlich kontrollierten Spielbanken und Wettbüros gehen nach und nach ins Netz, nachdem die Rechtslage etwas gelockert wurde.

WISSEN

4

www.lotto.de

5

www.sportquoten24.de

www.wetten.de

www.oddset.de

6

http://pferdewetten.t-online.de

www.trago.de

4 Natürlich darf auch der staatliche Abzockservice nicht fehlen. Lottospielen ist online nicht billiger, nur einfacher.

5 Sportwetten wickeln die Wettbüros in den einzelnen Bundesländern ab.

6 Nicht einmal auf die Rennbahn muss sich der Zocker noch bemühen, Pferdewetten sind auch online platzierbar.

Ende

Hier finden Sie weitere Gewinnspiel-Portale:
www.gewinnspiel-factory.de
www.easywin.de
www.millionaer.info

Für Quiz-Fans:
www.quizionaer.com
www.quiz.de

Vorsicht ist angebracht beim Reichwerden übers Internet: In der Regel müssen Kreditkarteninformationen übermittelt werden. Zocken Sie nicht bei dubiosen Anbietern.

TIPP   **TIPP**   **TIPP**

Counter		Ein Besucherzähler auf einer Internet-Seite, der anzeigt, wie oft eine Seite schon besucht wurde.
Cracker		Bösartiger Hacker, dringt in fremde Computer ein, stiehlt Daten und richtet Schaden an.
Cyberspace		Kunstwort für das Internet und die gesamte Online-Welt.
Datei		Alle Daten, die von einem Programm erzeugt und gespeichert werden, aber auch Programme, Treiber und

Internet Lexikon

Acrobat Reader

Zusatzprogramm für Windows von der Firma Adobe (www.adobe.de), mit dem PDF-Dateien angezeigt werden können.

ADSL

Asymmetric Digital Subscriber Line. Digitale Datenübertragung über Telefonleitungen mit hohen Transferraten (Daten senden mit 640 KBit/s, Daten empfangen mit bis zu 6 MB/sec).

AltaVista

Eine bekannte Suchmaschine (www.altavista.de).

Animated GIF

Eine Grafik im GIF-Format, die durch Überlagerung mehrerer Bilder als Animation abgespielt wird.

Anonymous FTP

Dateitransfer von Internet-Servern, die bei der Anmeldung keine persönlichen Daten verlangen.

AVI

Älteres Dateiformat für Videodateien.

Backbone

Großes, leistungsfähiges Leitungsnetz, Verteiler im Internet.

Banner

Firmenwerbung in Form einer Grafik auf einer Internetseite mit einem Link auf den Werbeträger.

Blog

Abkürzung für *Weblog*. Eine Mischung aus Tagebuch und Zeitungsartikel. Blogger sind Schreiber, die in Weblogs Artikel verfassen.

Browser

Programm, das die Anzeige von Internetseiten ermöglicht. Basiert auf HTTP und FTP.

Bug

engl.: Wanze. Bezeichnung für einen Programmfehler oder Fehler auf einer Internetseite.

Chat

(engl. to chat = Plaudern, Schwätzen). Die direkte Kommunikation im Internet von Bildschirm zu Bildschirm.

Community

Eine virtuelle Gemeinde im Internet oder eine bestimmte Gruppe, die ein gemeinsames Thema hat.

Compuserve

Der erste weltweite Online-Dienst, gehört seit 1997 zu AOL.

Cookies

Kleine Textdateien, die Anbieter von Webseiten auf die Festplatte des Besuchers schreiben, um Zeit und Zweck des Besuchs festzuhalten. Lassen sich über die Internetoptionen entfernen oder sperren.

Counter

Ein Besucherzähler auf einer Internet-Seite, der anzeigt, wie oft eine Seite schon besucht wurde.

Cracker

Bösartiger Hacker, dringt in fremde Computer ein, stiehlt Daten und richtet Schaden an.

Cyberspace

Kunstwort für das Internet und die gesamte Online-Welt.

Datei

Alle Daten, die von einem Programm erzeugt und gespeichert werden, aber auch Programme, Treiber und Programmzusätze. Zur Anzeige und Bearbeitung wird der Arbeitsplatz oder der Windows Explorer gestartet.

DENIC

Deutsches Network Information Center. Vereinigung der deutschen Provider, verwaltet die Top-Level-Domäne .de.

Desktop

Die Oberfläche von Windows XP mit der Taskleiste und weiteren Symbolen (Papierkorb, Arbeitsplatz etc.).

DFÜ

Abkürzung für *Datenfernübertragung*. Alles, was digital über Telefon oder Internet übertragen wird.

Dialer

Software, die auf dem PC des Anwenders installiert wird und die Verbindung zu einer teuren Service-Nummer (0190) herstellt.

DNS

Abkürzung für *Domain Name System*. Das DNS regelt die Verbindung zwischen IP-Adressen und Namen im Internet.

Domäne
Download

1. In großen Netzwerken eine Gruppe von Computern und Druckern.
2. Eine nationale oder internationale Internetadresse. Deutsche Domänen verwaltet DENIC (www.denic.de).
3. Teil der E-Mail-Adresse nach dem @-Zeichen.
4. Die Länderkennzeichnung einer Internetadresse (z.B. .de, .it, .uk). Wird von ICANN (www.icann.org) verwaltet.

Beim Download werden Daten von einem Computer auf einen anderen übertragen, meist von einem (Internet-)Server auf einen Client.

DSL

Abk. für *Digital Subscriber Line*. Eine sehr schnelle Übertragungstechnik für digitale Daten. ADSL und HDSL sind Varianten, TDSL ist der Produktname der Telekom.

E-Business		Der Begriff für alle Aktivitäten der Geschäftsabwicklung über elektronische Medien.
E-Commerce		Die Vermarktung von Waren und Dienstleistungen über elektronische Medien.
E-Mail		Elektronische Post, Briefe werden per Computer versendet, Bilder und andere Dateien können als Anhänge mitverschickt werden.
Emoticon		Ein Symbol, das in E-Mails oder Newsgroup-Beiträgen verwendet wird, um Gefühle auszudrücken. Beispiele: :-) (freundlich), :-((traurig).
Ethernet		Bezeichnung für die Netzwerktechnik in lokalen Netzen mit Übertragungsraten von 100 Millionen Bit pro Sekunde (Fast Ethernet).
Explorer		1. Windows Explorer: Für Dateien und Ordner auf den Datenträgern (Festplatte, CD, DVD, Diskette). 2. Internet Explorer: Für die Anzeige von Internet-Seiten.

Favoriten

Im Internet Explorer können Links besuchter Seiten als Lesezeichen abgespeichert werden.

Firewall

Ein Programm, das den Computer vor Zugriff von außen schützt. Es blockiert die „Ports", die Schnittstellen des Rechners, über die Daten transportiert werden.

Flash

Software von Macromedia zur Erstellung von Animationen. Das Abspielprogramm Flash Player gibt es kostenlos.

Flatrate

Pauschaltarif eines Providers für zeitlich unbegrenzten Internetzugang.

Frame

Eine Internet-Seite kann in mehrere, voneinander unabhängige Seiten (Frames) unterteilt werden.

Freeware

Software, für die kein Verkaufspreis und keine Lizenzgebühr bezahlt werden muss.

FTP

File Transfer Protocol. Ein Standard für die Übertragung von Dateien im Internet.

Gateway

Computer, der für die Verbindung von Netzwerken zuständig ist.

GIF

Graphical Interchange Format. Format für Grafikdateien mit geringer Qualität und Speicherkapazität im Internet, von Compuserve entwickelt.

Google

Amerikanische Suchmaschine, sehr schnell und treffsicher. Bewertet gesuchte Seiten auch danach, wie oft sie verlinkt werden.

Hacker

Eine Person, die sich illegal Zugriff in fremde Computersysteme verschafft.

HBCI

Home Banking Computer Interface. Standard der deutschen Banken für sichere Datenübertragung.

Hoax

Eine falsche Virenwarnung, die im Internet oder per E-Mail verbreitet wird.

Homebanking

Bankgeschäfte, zum Beispiel Überweisungen oder Kontoauskünfte mit dem Computer.

Homepage

Die Startseite eines Internetauftritts, häufig auch der gesamte Auftritt.

HTML

Die Programmiersprache, mit der Internetseiten erstellt werden.

HTTP

Hypertext Transfer Protocol. Ein Standard zur Übermittlung von HTML-Seiten im Internet.

Hub

Ein Gerät, das die Zugriffe auf ein Netzwerk oder eine Internet-Verbindung regelt.

Hyperlink
→Link

ICQ

Programm für den direkten Austausch von Nachrichten (Instant Messenger) mit Chat und Dateiübertragung. Kostenlose Freeware bei www.icq.de .

i-mode

Japanischer Service für die Übertragung von Internet-Seiten auf Mobiltelefone. Wird in Deutschland von E-plus angeboten.

Impressum

Nach dem Teledienstgesetz erforderliche Angaben auf der Webseite zu Name, Adresse und Steuernummer des Betreibers.

Instant Messenger		Software, über die mehrere Internet-Anwender gleichzeitig direkt miteinander kommunizieren können.
Internet		*Interconnecting Network.* Das weltweite Netz, das viele Netze untereinander verbindet. Wurde in den 60er Jahren als Militärnetz entwickelt, hat keine Eigentümer und keine zentrale Verwaltung.
Intranet		Ein Netzwerk, das auf Internet-Techniken basiert, aber nur innerhalb eines Unternehmens arbeitet.
IP-Adresse		IP ist die Abkürzung für *Internet Protocol.* Die IP-Adresse ist die eindeutige Kennzeichnung eines Computers im Internet, bestehend aus vier Zahlenblöcken zwischen 0 und 255.
IRC		*Internet Relay Chat.* Ein Dienst zur Übertragung direkter Kommunikation (Chats).
ISDN		*Integrated Services Digital Network.* Digitale Verbindung für Telefon und Datenübertragung. Vorgänger von DSL.
Isidor		Der Schutzpatron des Internet, vom Vatikan abgesegnet (www.heiliger-isidor.net).

Java

Programmiersprache der Firma Sun (www.sun.com) zur Gestaltung von aktiven Elementen auf Internet-Seiten.

JPEG

Joint Photographic Experts Group Format. Standardformat für Fotos im Internet. Komprimiert Grafiken bei geringem Qualitästverlust. Wird auch von Digitalkameras verwendet.

Junk-Mail

Müll-Post, unerwünschte Werbepost, die den persönlichen Briefkasten verstopft und das gesamte Netz stark belastet.

Klammeraffe

Deutscher Ausdruck für das at-Zeichen (@), das zwischen Name und Dienstanbieter in der E-Mail-Adresse steht.

LAN

Local Area Network. Ein räumlich begrenztes Netzwerk in einem Privathaus oder Unternehmen, auch Heimnetzwerk genannt.

Link

Internet-Seiten bieten Links an, die der Benutzer anklickt, um auf eine andere Seite zu schalten, eine Mailadresse abzurufen oder eine Datei auf seinen Computer zu laden.

Linux

Ein Betriebssystem, Konkurrent zu Windows, hauptsächlich auf Servern im Einsatz. Kann kostenlos im Internet kopiert werden. Der Internet-Browser für Linux heißt Konqueror.

MacOS		Das Betriebssystem für die Computer von Apple (Mac, i-Mac u.a.).
Media Player		Das Multimedia-Programm in Windows zum Abspielen von Musikdateien (MP3), Internet Radio und Videos.
Modem		Modulator/Demodulator. Gerät, das analoge Daten im Telefonnetz in digitale verwandelt und umgekehrt.
Mozilla		Internet-Browser (www.mozilla.org), Konkurrent zum Internet Explorer.
MP3		Ein Kompressionsverfahren und gleichzeitig das Standardformat für digitalisierte Sounds, vom Fraunhofer-Institut entwickelt (www.iis.fraunhofer.de). MP3 braucht ca. 1 Mbyte für eine Minute Musik.
MP3-Player		Gerät oder Software zum Abspielen von MP3-Dateien.
MPEG		Abkürzung für *Motion Pictures Expert Group*. Ein Komprimierung/Dekomprimierungsverfahren und gleichzeitig das Standard-Dateiformat für Videodaten.

MSN

Microsoft Network. Online-Dienst und Provider von Microsoft mit Hotmail als E-Maildienst und MSN-Messenger.

Multimedia

Bezeichnung für digitale Sounds, Videos und Grafik auf Computersystemen.

Netiquette

Verhaltensregeln für das Internet, speziell in Newsgroups.

NetMeeting

Konferenz-Programm in Windows, Instant Messenger mit Live-Cam.

Netscape Navigator

Browser der Firma Netscape. Konkurrent des Internet Explorer.

Newsgroups, Newsserver

Diskussionsforen im Internet, in denen Interessengruppen Beiträge zu bestimmten Themen verfassen.

NewsReader

Programm zum Erstellen, Lesen und Beantworten von News in Newsgroups.

Office

Der Name des Softwarepakets von Microsoft mit der Textverarbeitung Word, dem Kalkulationsprogramm Excel, dem Datenbankprogramm Access sowie Outlook, PowerPoint u.a.

Online-Dienst

Firmen, die kostenlose Mail-Adressen und Internet-Zugänge ermöglichen. Meist werden auch Nachrichten und andere Informationen angeboten.

Open Source

Software, deren Quellcode im Internet öffentlich zugänglich ist und kostenlos verteilt und verwendet werden darf. Linux ist ein Open-Source-Projekt.

Opera

Norwegischer Web-Browser, Alternative zu Internet Explorer und Mozilla.

Outlook Express

Programm zum Schreiben, Senden, Empfangen und Verwalten elektronischer Post. Voraussetzung ist ein Zugang zu einem Mailanbieter über einen Online-Dienst (siehe dort).

Passport

Authentifizierungs-System von Microsoft. Gilt u.a. für MSN, MSN-Messenger und Hotmail.

PDF

Internet-Dateiformat für Text- und Bilddaten (ähnlich einem eingescannten Dokument), von Adobe entwickelt. Zur Anzeige von PDF-Dateien

(PDF)

wird der kostenlos verfügbare Acrobat Reader von Adobe verwendet.

PGP

Pretty Good Privacy. Software zur Verschlüsselung von E-Mails (www.pgpi.org).

Phishing

Kunstwort aus „password" und „fishing". Der Versuch, persönliche Daten für Homebanking auszuspähen, zum Beispiel durch Abfrage per E-Mail oder mit gefälschten Bank-Homepages.

Plug & Play

Geräte (Drucker, Scanner etc.), die Windows automatisch erkennt und für die passende Treibersoftware ohne Zutun des Anwenders installiert wird, gehören zum Plug&Play-Standard.

Plug-In

Software, die zusätzlich zum Browser geladen sein muss, um Angebote auf Internet-Seiten nutzen zu können (z.B. Acrobat Reader, Flash).

POP3

Post Office Protocol Version 3. Ein Protokoll zum Empfangen von E-Mails. Wird von den meisten Mailservern verwendet.

Pop-Up

(engl. „aufspringen"). Browserfenster, das automatisch mit den Laden oder Schließen einer Seite eingeblendet wird. Pop-Up-Blocker verhindern diese Pop-Ups.

Provider

Firma, die gegen Gebühr einen Zugang zum Internet ermöglicht.

QuickTime

Standard der Firma Apple zur Übertragung von Videodateien. Gleichzeitig Name der (kostenlosen) Software, die zum Abspielen erforderlich ist.

RealPlayer

Wird zum Abspielen von RealAudio-Daten benötigt. Die Software gibt es kostenlos bei www.real.com.

Server

Der zentrale Computer in einem großen Netzwerk, der alle anderen Computer steuert. Im Internet ist ein Server auch der Computer, der Internetseiten speichert und Dateien zum Download bereitstellt.

Shareware

(engl. to share = teilen). Software, die kostenlos zur Probe verteilt wird. Wenn der Anwender sie nutzen will, wird eine Registrierungsgebühr fällig.

Sitemap

Ein Element oder eine einzelne Seite auf einer Internet-Homepage mit dem Inhaltsverzeichnis des gesamten Angebots.

Smiley

Das erste und berühmteste „Emoticon" :-)

SMTP

Simple Mail Transfer Protocol. Das Protokoll, das vom Mailserver zum Versenden von E-Mails verwendet wird.

SPAM

Spiced Pork And Ham. Frühstücksfleisch in Dosen. Das Synonym für Massen-E-Mails. Der Begriff kam ins Internet, als das Thema in Newsgroups diskutiert wurde. Dabei wurde ein Monty-Python-Sketch zitiert, in dem das Wort SPAM über 100 Mal vorkam.

Streaming Audio

Audio-Daten, die gleich bei der Übertragung wiedergegeben werden, zum Beispiel im Internet Radio.

Tag

Ein Steuerelement im HTML-Text, zum Beispiel für die Überschrift (<HEAD>) oder ein Bild (<IMG>).

TCP/IP

Transmission Control Protocol/Internet Protocol. Das Netzwerkprotokoll des Internet, mit dem Daten in Paketen verschickt werden.

Top-Level-Domain

Die höchste Domäne im Internet, der Teil einer Internet-Adresse nach dem Punkt, zum Beispiel de für Deutschland, com für Kommerziell, edu für Erziehung (Education).

Trojanisches Pferd, Trojaner

Ein bösartiges Programm, das sich über E-Mail-Anhänge auf der Festplatte installiert und von dieser aus vom Benutzer unbemerkt Daten zerstört, Mails versendet oder anderen Schaden anrichtet. Ein gutes Virenschutzprogramm verhindert, dass sich ein Trojaner festsetzt.

URL

Abkürzung für *Uniform Resource Locator*, bezeichnet eine Internet-Adresse oder einen Anbieter im Internet. Wird in die Adresszeile im Internet Explorer zum Aufruf einer Seite eingegeben.

USB

Abkürzung für *Universal Serial Bus*. Früher gab es die serielle Schnittstelle, heute ist USB der Standardstecker für Drucker, Scanner, externe Speicher, Digitalkameras und viele andere Geräte.

Usenet

Netzwerk, in dem in Diskussionsforen (Newsgroups) Nachrichten (News) ausgetauscht werden.

Virus

Ein bösartiges Programm, das sich über E-Mail oder Internet verbreitet und programmiert ist, um sich zu vermehren und Schaden anzurichten. Virenschutzprogramme verhindern, dass ein Virus aktiv wird und vernichten Viren, die auf Datenträgern gefunden werden.

W3C

Das World Wide Web Konsortium, das die Standards im Internet (HTML) koordiniert.

WAV

Älteres Dateiformat für Sounddateien, wird vom Audiorecorder und Windows Media Player unterstützt.

Weblog →Blog

Wikipedia

Das Internet-Lexikon, das jeder Surfer mitgestalten und erweitern kann (www.wikipedia.de).

Wurm

Ein bösartiges Viren-Programm, das sich ein Programm als „Wirt" sucht, um sich zu vermehren und Schaden anzurichten.

WWW

World Wide Web. Der größte Teil des Internet, 1993 erfunden von Tim Berner Lee, im CERN entwickelt.

Yahoo

Yet Another Hierarchical Officious Oracle. Eine der ersten Internet-Suchmaschinen mit großem und gut gepflegtem Link-Katalog.

ZIP

Verfahren zur Komprimierung von Dateien und Dateiendung von Dateiarchiven. Kompatibel mit den komprimierten Ordnern von Windows.

Stichwortverzeichnis